Heath's Modern Language Series

RAMUNTCHO

PAR

PIERRE LOTI

de l'Académie Française

ABRIDGED AND EDITED WITH NOTES

BY

C. FONTAINE, BL., LD.

CHAIRMAN FRENCH DEPARTMENT, HIGH SCHOOL OF COMMERCE
NEW YORK CITY

———◆———

BOSTON, U.S.A.
D. C. HEATH & CO., PUBLISHERS
1903

PIERRE LOTI.

(JULIEN VIAUD.)

INTRODUCTION

AMONG modern French novelists, one of the most fascinating and charming writers is Julien Viaud, or, as he is far better known, Pierre Loti. We may not be able to state with precision just what it is in his books which gives them their peculiar charm, for they are written with extreme nonchalance, many imperfections confront us, criticism is possible; but there is no denying the greatness of Loti, and his power to stir deep and sincere feeling. He has the gift of being able to see accurately, to feel deeply and to express with plastic realism what he sees and feels.

Loti loves the physical world in all its diversity and grandeur and makes us see it through his eyes. If we follow him to Senegal the impressions which we continually receive are those of a country deserted, arid, desolate, with vast plains of sand ever scorched by the burning sun; but if we follow him to Tahiti, that isle of delights, rocked by the harmony of his words we are gradually penetrated by a feeling of infinite contentment, as though we were actually in that land of languorous indolence, where the breezes are tepid and fragrant, the trees ever green, as if spring were eternal, and where men know not what it is to work or to suffer. So it is with all his descriptions. Whether they be of Brittany or of China or of Africa, we not only see but we also feel and receive impressions. Yet all is pervaded by a vaguely sensuous yet most exquisite and deep melancholy that makes his style more striking. It seems to be the melancholy resulting from the full realization of the great immensity of the universe and the profound diversity between human beings the world over. It is the melancholy of the pessimist.

Peculiar circumstances contributed to make Loti what he is. Born in Rochefort in 1850, he passed a quiet and dreamy childhood at home distinguished mainly for his docility and religious inclinations. But the blood that flowed in his veins had also flowed in the veins of generations of sailors, and strange visions of distant countries began to haunt his dreams. Gradually he became possessed by the desire to go forth, to travel farther and farther, to see the world. All entreaties were in vain when once he had made up his mind; he became a sailor, at the age of twenty entered the navy as midshipman, and before he was thirty had been in almost every part of the world, lived under all kinds of governments and with all kinds of human beings, bringing to these varied and strange climes a most wonderful power of observation, and sensibilities developed to a very high degree. His contact with so many peoples of different customs, morals and religions had not helped him to believe, and during the long hours of solitude spent face to face with a nature that ever furthers her endless work, blind, and unmindful of each and everyone of us, he gradually came to think that the only logical thing to ask of this life is joy, and thenceforth he seemed to make it his aim to taste of all pleasures and experience all delights.

In his novels Loti embraces almost all the ends of the earth, but most often those places where nature and man are still uninfluenced by civilization, and then reveals them to us as they displayed themselves before him. Hence the graphic presentation of characters that are most primitive, with a fineness of observation that can come but of high civilization; and the subtle picturing of most pristine modes of living, but with a delicacy of feeling that comes only from a high degree of refinement. His first book, *Aziyadé*, appeared in 1879, and in the following year was published *Le Mariage de Loti*. Many more followed, *Ramuntcho* appearing in 1899. In 1891 Loti succeeded Octave Feuillet in the French Academy. Should he write nothing more, what he has already given us affords him a place unchallenged in his generation. For with his love of the beauty and poetry of things, with his rarely developed receptive sympathy, and with his power of apt and pithy expression he has widened the scope of his country's literature and brought to it an offering which is unique.

This edition of *Ramuntcho* has been considerably reduced in length, though the story is substantially retained. Inasmuch as it is intended for advanced reading, no vocabulary has been provided, and only sufficient notes to help the student where the peculiarity of expression or construction renders the school dictionary inadequate. In its abbreviated form it is hoped that this most delightful novel will be found both interesting and useful.

C. FONTAINE.

NEW YORK, July, 1903.

RAMUNTCHO[1]

PREMIÈRE PARTIE

I

Les tristes courlis, annonciateurs de l'automne, venaient d'apparaître en masse dans une bourrasque grise,
fuyant la haute mer[2] sous la menace des tourmentes prochaines. A l'embouchure des rivières méridionales, de
l'Adour,[3] de la Nivelle, de la Bidassoa qui longe l'Es- 5
pagne, ils erraient au-dessus des eaux déjà froidies,[4]
volant bas, rasant de leurs ailes le miroir des surfaces.
Et leurs cris, à la tombée de la nuit d'octobre, semblaient
sonner la demi-mort annuelle des plantes épuisées.

Sur les campagnes pyrénéennes, toutes de[5] brous- 10
sailles ou de grands bois, les mélancolies des soirs
pluvieux d'arrière-saison descendaient lentement, en-
veloppantes comme des suaires, tandis que Ramuntcho
cheminait par le sentier de mousse, sans bruit, chaussé
de semelles de cordes, souple et silencieux dans sa 15
marche de montagnard.

Ramuntcho arrivait à pied de très loin, remontait des
régions qui avoisinent la mer de Biscaye,[6] vers sa mai-

son isolée, qui était là-haut, dans beaucoup d'ombre, près de la frontière espagnole.

Autour du jeune passant solitaire, qui montait si vite sans peine et dont la marche en espadrilles[1] ne s'enten-
5 dait pas, des lointains,[2] toujours plus profonds, se creusaient de tous côtés, très estompés[3] de crépuscule et de brume.

L'automne, l'automne s'indiquait partout. Les maïs, herbages des lieux bas, si magnifiquement verts au
10 printemps, étalaient des nuances de paille morte au fond des vallées, et, sur tous les sommets, des hêtres et des chênes s'effeuillaient. L'air était presque froid ; une humidité odorante sortait de la terre moussue, et, de temps à autre, il tombait d'en haut quelque ondée légère.
15 On la sentait proche et angoissante,[4] cette saison des nuages et des longues pluies, qui revient chaque fois avec son même air d'amener l'épuisement définitif des sèves et l'irrémédiable mort, — mais qui passe comme toutes choses et qu'on oublie, au suivant renouveau.
20 Mais l'automne, lorsqu'il vient finir[5] les plantes, n'apporte qu'une sorte d'avertissement lointain à l'homme un peu plus durable, qui résiste, lui, à plusieurs hivers et se laisse plusieurs fois leurrer au charme des printemps. L'homme, par les soirs pluvieux d'octobre et de
25 novembre, éprouve surtout l'instinctif désir de s'abriter au gîte, d'aller se réchauffer devant l'âtre, sous le toit que tant de millénaires[6] amoncelés lui ont progressivement appris à construire. — Et Ramuntcho sentait s'éveiller au fond de soi-même les vieilles aspirations an-
30 cestrales vers le foyer basque[7] des campagnes, le foyer isolé, sans contact avec les foyers voisins ; il se hâtait davantage vers le primitif logis, où l'attendait sa mère.

Çà et là, on les apercevait au loin, indécises dans le crépuscule, les maisonnettes basques, très distantes les unes des autres, points blancs ou grisâtres, tantôt au fond de quelque gorge enténébrée, tantôt sur quelque contrefort des montagnes aux sommets perdus dans 5 le ciel obscur; presque négligeables, ces habitations humaines, dans l'ensemble immense et de plus en plus confus des choses; négligeables et s'annihilant même tout à fait, à cette heure, devant la majesté des solitudes et de l'éternelle nature forestière. 10

Ramuntcho s'élevait rapidement, leste, hardi et jeune, enfant encore, capable de jouer en route, comme s'amusent les petits montagnards, avec un caillou, un roseau, ou une branche que l'on taille en marchant. L'air se faisait plus vif, les alentours plus âpres, et 15 déjà ne s'entendaient plus les cris des courlis, leurs cris de poulie rouillée,[1] sur les rivières d'en bas. Mais Ramuntcho chantait l'une de ces plaintives chansons des vieux temps, qui se transmettent encore au fond des campagnes perdues, et sa naïve voix s'en allait 20 dans la brume ou la pluie, parmi les branches mouillées des chênes, sous le grand suaire toujours plus sombre de l'isolement, de l'automne et du soir.

Pour regarder passer, très loin au-dessous de lui, un char à bœufs, il s'arrêta un instant, pensif. Le 25 bouvier qui menait le lent attelage chantait aussi; par un sentier rocailleux et mauvais, cela descendait dans un ravin baigné d'une ombre déjà nocturne.

Et bientôt cela disparut à un tournant, masqué tout à coup par des arbres, et comme évanoui dans un 30 gouffre. Alors Ramuntcho sentit l'étreinte d'une mélancolie subite, inexpliquée comme la plupart de ses

impressions complexes, et, par un geste habituel, tout
en reprenant sa marche moins alerte, il ramena en
visière, sur ses yeux gris très vifs et très doux, le
rebord de son béret[1] de laine.

5   Bientôt il aperçut Etchézar,[2] sa paroisse, son clocher
massif comme un donjon de forteresse; auprès de
l'église, quelques maisons étaient groupées; les autres,
plus nombreuses, avaient préféré se disséminer aux
environs, parmi des arbres, dans des ravins ou sur des
10 escarpements. La nuit tombait tout à fait.

Autour de ce village, en haut ou bien dans les vallées
d'en dessous, le pays basque apparaissait en ce moment
comme une confusion de gigantesques masses obscures.
De longues nuées dérangeaient les perspectives; toutes
15 les distances, toutes les profondeurs étaient devenues
inappréciables, les changeantes montagnes semblaient
avoir grandi dans la nébuleuse fantasmagorie du soir.
L'heure, on ne sait pourquoi, se faisait étrangement
solennelle, comme si l'ombre des siècles passés allait
20 sortir de la terre. Sur ce vaste soulèvement qui s'appelle Pyrénées, on sentait planer quelque chose qui
était peut-être l'âme finissante de cette race, dont les
débris se sont là conservés et à laquelle Ramuntcho
appartenait.

25 Enfin il arriva devant sa maison, — qui était très
élevée, à la mode basque, avec de vieux balcons en
bois sous d'étroites fenêtres, et dont les vitres jetaient
dans la nuit du dehors une lueur de lampe. Près
d'entrer, le bruit léger de sa marche s'atténua encore
30 dans l'épaisseur des feuilles mortes: les feuilles de ces
platanes taillés en voûte qui, suivant l'usage du pays,
forment une sorte d'atrium[3] devant chaque demeure.

Elle reconnaissait de loin le pas de son fils, la sérieuse Franchita,[1] pâle et droite dans ses vêtements noirs, — celle qui jadis avait aimé et suivi l'étranger; puis, qui, sentant l'abandon prochain, était courageuse-. ment revenue au village pour habiter seule la maison 5 délabrée de ses parents morts.

Pour accueillir et embrasser son fils, elle sourit de joie et de tendresse; mais, silencieux par nature, renfermés[2] tous deux, ils ne se disaient guère que ce qu'il était utile de se dire. 10

Lui, s'assit à sa place accoutumée, pour manger la soupe et le plat fumant qu'elle lui servit sans parler. La salle, soigneusement peinte à la chaux,[3] s'égayait à la lueur subite d'une flambée de branches, dans la cheminée haute et large, garnie d'un feston de calicot 15 blanc. Dans des cadres, accrochés en bon ordre, il y avait les images de première communion[4] de Ramuntcho, et différentes figures de saints ou de saintes, avec des légendes basques; puis la Vierge du Pilar,[5] la Vierge des angoisses, et des chapelets, des rameaux 20 bénits. Les ustensiles du ménage luisaient, bien alignés sur des planches scellées aux murailles; — chaque étagère toujours ornée d'un de ces volants[6] en papier rose, découpés et ajourés, qui se fabriquent en Espagne et où sont invariablement imprimées des 25 séries de personnages dansant avec des castagnettes, ou bien des scènes de la vie des toréadors.[7] Dans cet intérieur blanc, devant cette cheminée joyeuse et claire, on éprouvait une impression de chez soi,[8] un tranquille bien-être, qu'augmentait encore la notion de la grande 30 nuit mouillée d'alentour, du grand noir des vallées, des montagnes et des bois.

Franchita, comme chaque soir, regardait longuement son fils, le regardait embellir et croître, prendre
de plus en plus un air de décision et de force, à mesure
qu'une moustache brune se dessinait davantage au-
5 dessus de ses lèvres fraîches.

Quand il eut soupé, mangé avec son appétit de jeune
montagnard plusieurs tranches de pain et bu deux
verres de cidre, il se leva, disant:

— Je m'en vais dormir, car nous avons du travail
10 pour cette nuit.

— Ah! demanda la mère, et à quelle heure dois-tu
te réveiller?

— A une heure, sitôt la lune couchée. On viendra
siffler sous la fenêtre.

15 — Et qu'est-ce que c'est?

— Des ballots de soie et des ballots de velours.

— Et avec qui vas-tu?

— Les mêmes que d'habitude: Arrochkoa,[1] Florentino[2] et les frères Iragola.[3] C'est comme l'autre nuit,
20 pour le compte d'Itchoua,[4] avec qui je viens de m'enga-
ger... Bonsoir, ma mère!... Oh! nous ne serons
pas tard dehors, et, sûr, je rentrerai avant l'heure de
la messe...

Alors, Franchita pencha la tête sur l'épaule solide
25 de son fils, avec une câlinerie presque enfantine, différente tout à coup de sa manière habituelle; et, la
joue contre la sienne, elle resta longuement et tendrement appuyée, comme pour dire, dans un confiant
abandon de volonté: « Cela me trouble encore un peu,
30 ces entreprises de nuit; mais, réflexion faite,[5] ce que
tu veux est toujours bien; je ne suis qu'une dépendance
de toi, et toi, tu es tout...»

Quand Ramuntcho fut monté dans sa petite chambre, elle demeura songeuse plus longtemps que de coutume avant de reprendre son travail d'aiguille... Ainsi, cela devenait décidément son métier, ces courses noc- turnes où l'on risque de recevoir les balles des cara- biniers[1] d'Espagne!... D'abord il avait commencé par amusement, par bravade, comme font la plupart d'entre eux, et comme en ce moment débutait son ami Arrochkoa dans la même bande que lui; ensuite, peu à peu, il s'était fait un besoin de cette continuelle aventure des nuits noires; il désertait de plus en plus, pour ce métier rude, l'atelier en plein vent[2] du charpen- tier, où elle l'avait mis en apprentissage, à tailler des solives dans des troncs de chênes.

Et voilà donc ce qu'il serait dans la vie, son Ra- muntcho!... Contrebandier et joueur de pelote,[3] — deux choses d'ailleurs qui vont bien ensemble et qui sont basques essentiellement.

Et maintenant l'image de Gracieuse se présentait tout naturellement à son esprit, comme chaque fois qu'elle songeait à l'avenir de Ramuntcho; celle-là, c'était la pe- tite fiancée que, depuis tantôt dix ans, elle souhaitait pour lui. (Dans les campagnes encore en arrière des façons[4] actuelles, c'est l'usage de se marier tout jeune, souvent même de se connaître et de se choisir dès les premières années de la vie.) Une petite aux cheveux ébouriffés en nuage d'or, fille d'une amie d'enfance à elle, Franchita, d'une certaine Dolorès Detcharry, qui avait toujours été orgueilleuse à cause de sa fortune. Eh bien, mais, Gracieuse l'épouserait quand même,[5] son fils, tout contrebandier et pauvre qu'il allait être![6] Avec son instinct de mère un peu farouchement aimante, elle

devinait que cette petite était déjà prise[1] assez pour ne se
déprendre[2] jamais ; elle avait vu cela dans ses yeux noirs
de quinze ans, obstinés et graves sous le nimbe doré des
cheveux... Gracieuse épousant Ramuntcho pour son
5 charme seul, envers et contre[3] la volonté maternelle !...
Ce qu'il y avait de rancuneux et de vindicatif dans l'âme
de Franchita se réjouissait même tout à coup de ce plus
grand triomphe sur la fierté de Dolorès...

Un bruit de pas maintenant dans le noir du
10 dehors !... Quelqu'un marchant doucement en espadrilles sur l'épaisseur des feuilles de platane en jonchée[4] par terre... Puis, un coup de sifflet d'appel[5]...
Comment, déjà !... Déjà une heure du matin !...
Tout à fait résolue à présent, elle ouvrit la porte au
15 chef contrebandier avec un sourire accueillant que
celui-ci ne lui connaissait pas :

— Entrez, Itchoua, dit-elle, chauffez-vous...tandis
que je vais moi-même réveiller le[6] fils.

Un homme grand et large, cet Itchoua, maigre avec
20 une épaisse poitrine, entièrement rasé comme un prêtre,
suivant la mode des Basques de vieille souche ; sous
le béret qu'il n'ôtait jamais, une figure incolore, inex-
pressive, taillée comme à coups de serpe, et rappelant
ces personnages imberbes, archaïquement dessinés sur
25 les missels du xve siècle. Au-dessous de ses joues
creusées, la carrure des mâchoires, la saillie des muscles
du cou donnaient la notion de son extrême force. Il
avait le type basque accentué à l'excès ; des yeux trop
rentrés sous l'arcade frontale ; des sourcils d'une rare
30 longueur, dont les pointes, abaissées comme chez les
madones pleureuses, rejoignaient presque les cheveux
aux tempes. Entre trente ans ou cinquante ans, il était

impossible de lui assigner un âge. Il s'appelait José-Maria Gorostéguy;[1] mais, d'après la coutume, n'était connu dans le pays que sous ce surnom d'Itchoua (l'aveugle) donné jadis par plaisanterie, à cause de sa vue perçante qui plongeait dans la nuit comme celle 5 des chats. D'ailleurs, chrétien pratiquant, marguillier de sa paroisse et chantre à voix tonnante. Fameux aussi pour sa résistance aux fatigues, capable de gravir les pentes pyrénéennes durant des heures au pas de course[2] avec de lourdes charges sur les reins. 10

Ramuntcho descendit bientôt, frottant ses paupières encore alourdies d'un jeune sommeil, et, à son aspect, le morne visage d'Itchoua fut illuminé d'un sourire. Continuel chercheur de garçons énergiques et forts pour les enrôler dans sa bande, sachant les y retenir, 15 malgré des salaires minimes, par une sorte de point d'honneur spécial, il s'y connaissait en jarrets, en épaules, aussi bien qu'en caractères, et il faisait grand cas[3] de sa recrue nouvelle.

Franchita, avant de les laisser partir, appuya en- 20 core la tête un peu longuement contre le cou de son fils; puis, elle accompagna les deux hommes jusqu'au seuil de sa porte, ouverte sur le noir immense, — et récita pieusement le *Pater*[4] pour eux, tandis qu'ils s'éloignaient dans l'épaisse nuit, dans la pluie, dans le 25 chaos des montagnes, vers la ténébreuse frontière...

II

QUELQUES heures plus tard, à la pointe incertaine de l'aube, à l'instant où s'éveillent les bergers et les

pêcheurs, ils s'en revenaient joyeusement, les contrebandiers, leur entreprise terminée.

Partis à pied, avec des précautions infinies de silence,
par des ravins, par des bois, par de dangereux gués
5 de rivière, ils s'en revenaient comme des gens n'ayant
jamais rien eu à cacher à personne, en traversant la
Bidassoa, au matin pur, dans une barque de Fontarabie[1]
louée sous la barbe[2] des douaniers d'Espagne.

Tout l'amas de montagnes et de nuages, tout le
10 sombre chaos de la précédente nuit s'était démêlé
presque subitement, comme au coup d'une baguette
magicienne. Les Pyrénées, rendues à leurs propor-
tions réelles, n'étaient plus que de moyennes montagnes, aux replis baignés d'une ombre encore noc-
15 turne, mais aux crêtes nettement coupées dans un ciel
qui déjà s'éclaircissait. L'air s'était fait tiède, suave,
exquis à respirer, comme si tout à coup on eût changé
de climat ou de saison, — et c'était le vent de sud qui
commençait à souffler, le délicieux vent de sud spécial
20 au pays basque, qui chasse devant lui le froid, les
nuages et les brumes, qui avive les nuances de toutes
choses, bleuit le ciel, prolonge à l'infini les horizons,
donne, même en plein hiver, des illusions d'été.

Le batelier qui ramenait en France les contrebandiers
25 poussait du fond avec sa perche longue, et la barque
se traînait, à demi échouée. En ce moment, cette
Bidassoa, par qui les deux pays sont séparés, semblait
tarie, et son lit vide, d'une excessive largeur, avait
l'étendue plate d'un petit désert.

30 Le jour allait décidément se lever, tranquille et un
peu rose. On était au 1er du mois de novembre; sur
la rive espagnole, là-bas, très loin, dans un couvent

de moines, une cloche de l'extrême matin[1] sonnait clair,
annonçant la solennité religieuse de chaque automne.
Et Ramuntcho, bien assis dans la barque, doucement
bercé et reposé après les fatigues de la nuit, humait ce
vent nouveau avec un bien-être de tous ses sens; avec
une joie enfantine, il voyait s'assurer un temps radieux
pour cette journée de Toussaint, qui allait lui apporter
tout ce qu'il connaissait des fêtes de ce monde: la
grand'messe chantée, la partie de pelote[2] devant le village assemblé, puis enfin la danse du soir avec Gracieuse, le fandango au clair de lune sur la place de
l'église.[3]

Il perdait peu à peu conscience de sa vie physique,
Ramuntcho, après sa nuit de veille; une sorte de torpeur, bienfaisante sous les souffles du matin vierge,[4]
engourdissait son jeune corps, laissant son esprit en
demi-rêve. Il connaissait bien d'ailleurs ces impressions et ces sensations-là, car les retours à pointe
d'aube, en sécurité dans une barque où l'on s'endort,
sont la suite habituelle des courses de contrebande.
Et tous les détails aussi de cet estuaire de la Bidassoa lui étaient familiers, tous ses aspects, qui changent
suivant l'heure, suivant la marée monotone et régulière... Deux fois par jour le flot marin revient em-
plir ce lit plat; alors, entre la France et l'Espagne, on
dirait un lac, une charmante petite mer où courent de
minuscules vagues bleues, — et les barques flottent,
les barques vont vite; les bateliers chantent leurs airs
des vieux temps, qu'accompagnent le grincement et les
heurts des avirons cadencés. Mais quand les eaux se
sont retirées, comme en ce moment-ci, il ne reste plus
entre les deux pays qu'une sorte de région basse,

incertaine et de changeante couleur, où marchent des hommes aux jambes nues, où des barques se trainent en rampant.

Ils étaient maintenant au milieu de cette région-là, 5 Ramuntcho et sa bande, moitié sommeillant sous la lumière à peine naissante. Les couleurs des choses commençaient à s'indiquer, au sortir des grisailles[1] de la nuit. Ils glissaient, ils avançaient par à-coups légers,[2] tantôt parmi des velours jaunes qui étaient des sables, 10 tantôt à travers des choses brunes, striées régulièrement et dangereuses aux marcheurs, qui étaient des vases. Et des milliers de petites flaques d'eau, laissées par le flot de la veille, reflétaient le jour naissant, brillaient sur l'étendue molle comme des écailles de 15 nacre. Dans le petit désert jaune et brun, leur batelier suivait le cours d'un mince filet d'argent qui représentait la Bidassoa à l'étale de basse mer.[3] De temps à autre, quelque pêcheur croisait leur route, passait tout près d'eux en silence, sans chanter comme les 20 jours où l'on rame, trop affairé à pousser du fond, debout dans sa barque et manœuvrant sa perche avec de beaux gestes plastiques.

En rêvant, ils approchaient de la rive française, les contrebandiers. Et là-bas, de l'autre côté de la zone 25 étrange sur laquelle ils voyageaient comme en traîneau, cette silhouette de vieille ville qui les fuyait lentement, c'était Fontarabie ; ces hautes terres qui montaient dans le ciel avec des physionomies si âpres, c'étaient les Pyrénées espagnoles. Tout cela était l'Espagne, la 30 montagneuse Espagne, éternellement dressée là en face et sans cesse préoccupant leur esprit : pays qu'il faut attendre en silence par les nuits noires, par les nuits

sans lune, sous les pluies d'hiver; pays qui est le per-
pétuel but des courses dangereuses; pays qui, pour les
hommes du village de Ramuntcho, semble toujours
fermer l'horizon du sud-ouest, tout en changeant d'apparence suivant les nuages et les heures; pays qui 5
s'éclaire le premier au pâle soleil des matins et masque
ensuite, comme un sombre écran, le soleil rouge des
soirs...

Onze heures maintenant, les cloches de France et
d'Espagne sonnant à toute volée[1] et mêlant par-dessus 10
la frontière leurs vibrations des religieuses fêtes.

Baigné, reposé et en toilette, Ramuntcho se rendait
avec sa mère à la grand'messe de la Toussaint. Par
le chemin jonché de feuilles rousses, ils descendaient
tous deux vers leur paroisse, sous un chaud soleil qui 15
donnait l'illusion de l'été.

Lui, vêtu d'une façon presque élégante et comme
un garçon de la ville, sauf le traditionnel béret basque,
qu'il portait de côté,[2] en visière sur ses yeux d'enfant.
Elle, droite et fière, la tête haute, l'allure distinguée, 20
dans une robe d'une forme très nouvelle; l'air d'une
femme du monde, sans[3] la mantille de drap noir qui
couvrait ses cheveux et ses épaules.

Ils se séparèrent, ainsi que l'étiquette le commande,
en arrivant dans le préau de l'église, où des cyprès 25
immenses sentaient[4] le midi et l'orient. D'ailleurs, elle
ressemblait du dehors à une mosquée, leur paroisse,
avec ses grands vieux murs farouches, percés tout en
haut seulement de minuscules fenêtres, avec sa chaude
couleur de vétusté, de poussière et de soleil. 30

Tandis que Franchita entrait par une des portes du

rez-de-chaussée, Ramuntcho prenait un vénérable escalier de pierre qui montait le long de la muraille extérieure et conduisait dans les hautes tribunes réservées
aux hommes.

5   Le fond de l'église sombre était tout de vieux ors[1]
étincelants, avec une profusion de colonnes torses,
d'entablements compliqués, de statues aux ·contourne-
ments excessifs et aux draperies tourmèntées[2] dans le
goût de la Renaissance espagnole. Et cette magnifi-
10 cence du tabernacle contrastait avec la simplicité des
murailles latérales, tout uniment peintes à la chaux
blanche.[3] Mais un air de vieillesse extrême harmoni-
sait ces choses, que l'on sentait habituées depuis des
siècles à *durer* en face les unes des autres.

15   Il était de bonne heure encore, et on arrivait à peine
pour cette grand'messe. Accoudé au rebord de sa
tribune, Ramuntcho regardait en bas les femmes entrer, toutes comme de pareils fantômes noirs, la tête
et le costume dissimulés sous le cachemire de deuil
20 qu'il est d'usage de mettre pour aller aux églises.
Silencieuses et recueillies, elles glissaient sur le funèbre
pavage de dalles mortuaires où se lisaient encore,
malgré l'effacement du temps, des inscriptions en
langue euskarienne,[4] des noms de familles éteintes et
25 des dates de siècles passés.

Gracieuse, dont l'entrée préoccupait surtout Ramuntcho, tardait à venir. Mais, pour distraire un
moment son esprit, un *convoi* s'avança en lente théorie[5]
noire; un *convoi,* c'est à dire les parents et les
30 plus proches voisins d'un mort de la semaine, les
hommes encore drapés dans la longue cape que
l'on porte pour suivre les funérailles, les femmes

sous le manteau et le traditionnel capuchon de grand
deuil.

En haut, dans les deux immenses tribunes qui se
superposaient le long des côtés de la nef, les hommes
venaient un à un prendre place, graves et le chapelet 5
à la main : fermiers, laboureurs, bouviers, braconniers
ou contrebandiers, tous recueillis et prêts à s'agenouil-
ler quand sonnerait la clochette sacrée. Chacun d'eux,
avant de s'asseoir, accrochait derrière lui à un clou de
la muraille sa coiffure de laine, et peu à peu, sur le 10
fond blanc de la chaux, s'alignaient des rangées d'innombrables bérets basques.

En bas, les petites filles de l'école entrèrent enfin,
en bon ordre, escortées par les sœurs de Sainte-Marie-
du-Rosaire. Et, parmi ces nonnes embéguinées de noir, 15
Ramuntcho reconnut Gracieuse. Elle aussi avait la tête
tout de noir enveloppée ; ses cheveux blonds, qui ce soir
s'ébourifferaient au vent du fandango, demeuraient
cachés pour l'instant sous l'austère mantille des céré-
monies. Gracieuse, depuis deux ans, n'était plus éco- 20
lière, mais n'en restait pas moins l'amie intime des
sœurs, ses maîtresses, toujours en leur compagnie pour
des chants, pour des neuvaines, ou des arrangements
de fleurs blanches autour des statues de la sainte
Vierge... 25

Puis, les prêtres, dans leurs plus somptueux costumes, apparurent en avant des ors magnifiques du
tabernacle, sur une estrade haute et théâtrale, et la
messe commença, célébrée dans ce village perdu avec
une pompe excessive, comme dans une grande ville. 30
Il y avait des chœurs de petits garçons, chantés à pleine
voix enfantine avec un entrain un peu sauvage. Puis,

des chœurs très doux de petites filles, qu'une sœur
accompagnait à l'harmonium et que guidait la voix
fraîche et claire de Gracieuse. Et de temps à autre,
une clameur partait, comme un bruit d'orage, des tri-
5 bunes d'en haut où les hommes se tenaient, un répons[1]
formidable animait les vieilles voûtes, les vieilles boiseries sonores qui, durant des siècles, ont vibré des
mêmes chants...

III

« *Ite missa est!* »[2] La grand'messe est terminée et
10 l'antique église se vide. Dehors, dans le préau, parmi
les tombes, les assistants se répandent. Et toute la joie
d'un midi ensoleillé les accueille, au sortir de la nef
sombre.

Le vent de sud, qui est le grand magicien du pays
15 basque, souffle doucement. L'automne d'hier s'en est
allé et on l'oublie. Des haleines tièdes passent dans
l'air, vivifiantes, plus salubres que celles de mai, ayant
l'odeur du foin et l'odeur des fleurs. Deux chanteuses
des grands chemins[3] sont là, adossées au mur du cime-
20 tière, et entonnent, avec un tambourin et une guitare,
une vieille séguidille[4] d'Espagne, apportant jusqu'ici
les gaîtés chaudes et un peu arabes d'au delà les proches
frontières.

Et au milieu de tout cet enivrement de novembre
25 méridional, plus délicieux dans cette contrée que
l'enivrement du printemps, Ramuntcho, descendu l'un
des premiers, guette la sortie des sœurs pour se rap-
procher de Gracieuse.

Les abeilles et les mouches bourdonnent comme en juin; le pays est redevenu pour quelques heures, pour quelques journées, tant que ce vent soufflera, lumineux et chaud.

Gracieuse ne paraît pas encore, attardée sans doute avec les nonnes à quelque soin d'autel. Quant à Franchita, qui ne se mêle plus jamais aux fêtes du dimanche, elle s'éloigne pour reprendre le chemin de sa maison, toujours silencieuse et hautaine, après un sourire d'adieu à son fils, qu'elle ne reverra plus que ce soir, une fois les danses finies.

Cependant un groupe de jeunes hommes, parmi lesquels le vicaire qui vient à peine de dépouiller ses ornements d'or, s'est formé au seuil de l'église, dans le soleil, et paraît combiner de graves projets. — Ils sont, ceux-là, les beaux joueurs de la contrée, la fine fleur[1] des lestes et des forts; c'est pour la partie de « pelote » de l'après-midi qu'ils se concertent tous, et ils font signe à Ramuntcho pensif, qui vient se mêler à eux. Quelques vieillards s'approchent aussi et les entourent, bérets enfoncés sur des cheveux blancs et des faces rasées de moines: les champions du temps passé, encore fiers de leurs succès d'antan, et sûrs de voir leurs avis respectés, quand il s'agit de ce jeu national, auquel les hommes d'ici se rendent avec orgueil, comme au champ d'honneur. — Après discussion courtoise, la partie est arrangée, et les six champions choisis, divisés en deux camps,[2] seront le Vicaire, Ramuntcho et Arrochkoa, le frère de Gracieuse, contre trois fameux des communes voisines: Joachim, de Mendiazpi; Florentino, d'Espelette, et Irrubeta, d'Hasparren... Ce sera pour après les vêpres.

Enfin, voici la sortie des sœurs, tant attendue par
Ramuntcho; avec elles s'avancent Gracieuse et sa mère
Dolorès, qui est encore en grand deuil de veuve, la
figure invisible sous un béguin noir, fermé d'un voile
5 de crêpe.

Que peut-elle avoir, cette[1] Dolorès, à comploter avec
la Bonne-Mère?[2] — Ramuntcho les sachant ennemies,
ces deux femmes, s'étonne et s'inquiète aujourd'hui de
les voir marcher côte à côte. A présent, voici même
10 qu'elles s'arrêtent pour causer à l'écart, tant ce qu'elles
disent est sans doute important et secret; leurs pareils
béguins noirs, débordants comme des capotes de voiture,[3] se rapprochent jusqu'à se toucher, et elles se
parlent à couvert[4] là-dessous; chuchotement de fan-
15 tômes, dirait-on, à l'abri d'une espèce de petite voûte
noire... Et Ramuntcho a le sentiment de quelque
chose d'hostile qui commencerait à se tramer là contre
lui entre ces deux béguins méchants.

Quand le colloque est fini, il s'avance, touche son
20 béret pour un salut, gauche et timide tout à coup devant
cette Dolorès, dont il devine le dur regard sous le voile.
Cette femme est la seule personne au monde qui ait le
pouvoir de le glacer.

Aujourd'hui cependant, à sa grande surprise, elle
25 est plus accueillante que de coutume et dit d'une voix
presque aimable: « Bonjour, mon garçon! » Alors il
passe près de Gracieuse, pour lui demander avec une
anxiété brusque:

— Ce soir, à huit heures, dis, on se trouvera sur la
30 place,[5] pour danser?

Depuis quelque temps, chaque dimanche nouveau
ramenait pour lui cette même frayeur, d'être privé

de danser le soir avec elle. Or, dans la semaine, il ne
la voyait presque plus jamais. A présent qu'il se faisait homme, c'était pour lui la seule occasion de la voir
un peu longuement, ce bal sur l'herbe de la place, au
clair des étoiles ou de la lune.   5

Ils avaient commencé de s'aimer depuis tantôt cinq
années, Ramuntcho et Gracieuse, étant encore tout
enfants.

Ils n'avaient d'ailleurs jamais songé à se dire cela
entre eux, tant ils le savaient bien ; jamais ils n'avaient 10
parlé ensemble de l'avenir, qui, cependant, ne leur apparaissait pas possible l'un sans l'autre. Et l'isolement
de ce village de montagne où ils vivaient, peut-être
aussi l'hostilité de Dolorès à leurs naïfs projets inex-
primés, les rapprochaient plus encore...   15

— Ce soir à huit heures, dis, on se trouvera sur la
place pour danser ?

— Oui..., — répond la petite fille très blonde, levant
sur son ami des yeux de tristesse un peu effarée en
même temps que de tendresse ardente.   20

— Mais sûr ? demande à nouveau Ramuntcho, inquiet
de ces yeux-là.

— Oui, sûr !

Alors, il est tranquillisé encore pour cette fois, sachant que, si Gracieuse a dit et voulu quelque chose,   25
on y peut compter. Et tout de suite, le temps lui
paraît plus beau, le dimanche plus amusant, la vie plus
charmante...

Le dîner maintenant appelle les Basques dans les
maisons ou les auberges, et, sous l'éclat un peu morne 30
du soleil de midi, le village semble bientôt désert.

Ramuntcho, lui, se rend à la cidrerie¹ que les contre-

bandiers et les joueurs de pelote fréquentent; là, il
s'attable, le béret toujours en visière sur le front, avec
tous ses amis retrouvés: Arrochkoa, Florentino, deux
ou trois autres de la montagne, et le sombre Itchoua,
5 leur chef à tous.

On leur prépare un repas de fête, avec des poissons
de la Nivelle,[1] du jambon et des lapins. Sur le devant[2]
de la salle vaste et délabrée, près des fenêtres, les
tables, les bancs de chêne sur lesquels ils sont assis;
10 au fond, dans la pénombre, les tonneaux énormes, rem-
plis de cidre nouveau.

Dans cette bande de Ramuntcho, qui est là au complet[3] sous l'œil perçant de son chef, règne une émula-
tion d'audace et un réciproque dévouement de frères;
15 durant les courses nocturnes surtout, c'est à la vie à
la mort entre eux tous.[4]

Accoudés lourdement, engourdis dans le bien-être de
s'asseoir après les fatigues de la nuit et concentrés
dans l'attente d'assouvir leur faim robuste, ils restent
20 silencieux d'abord, relevant à peine la tête pour regarder, à travers les vitres, les filles qui passent. Deux
sont très jeunes, presque des enfants comme Raymond:
Arrochkoa et Florentino. Les autres ont, comme
Itchoua, de ces visages durcis, de ces yeux embusqués
25 sous l'arcade frontale qui n'indiquent plus aucun âge;
leur aspect cependant décèle bien tout un passé de fatigues, dans l'obstination irraisonnée[5] de faire ce métier
de contrebande qui aux moins habiles rapporte à peine
du pain.

30 Puis, réveillés peu à peu par les mets fumants, par
le cidre doux, voici qu'ils causent; bientôt leurs mots
s'entre-croisent légers, rapides et sonores, avec un

roulement excessif des *r*. Ce sont des histoires de nuit
et de frontière, qu'ils se disent, des ruses nouvellement
inventées et d'étonnantes mystifications de[1] carabiniers
espagnols. Itchoua, lui, le chef, écoute plutôt qu'il ne
parle ; on n'entend que de loin en loin vibrer sa voix 5
profonde de chantre d'église. Arrochkoa, le plus élégant de tous, détonne un peu[2] à côté des camarades de
la montagne (à l'état civil,[3] il s'appelait Jean Detcharry,
mais n'était connu que sous ce surnom porté de père
en fils par les aînés de sa famille, depuis ses ancêtres 10
lointains). Contrebandier par fantaisie, celui-là, sans
nécessité aucune, et possédant de bonnes terres au soleil ;
le visage frais et joli, la moustache blonde retroussée à
la mode des chats, l'œil félin aussi, l'œil caressant et
fuyant ; attiré par tout ce qui réussit, tout ce qui amuse, 15
tout ce qui brille ; aimant Ramuntcho pour ses triom-
phes au jeu de paume,[4] et très disposé à lui donner
la main de sa sœur Gracieuse, ne fût-ce que pour faire
opposition à sa mère Dolorès. Et Florentino, l'autre
grand ami de Raymond, est, au contraire, le plus 20
humble de la bande ; un athlétique garçon roux, au
front large et bas, aux bons yeux de résignation douce
comme ceux des bêtes de labour ; sans père ni mère,
ne possédant au monde qu'un costume râpé et trois
chemises de coton rose ; d'ailleurs, uniquement amou- 25
reux d'une petite orpheline de quinze ans, aussi pauvre
que lui et aussi primitive.

Voici enfin Itchoua qui daigne parler à son tour.
Il conte, sur un ton de mystère et de confidence, certaine histoire qui se passa au temps de sa jeunesse, par 30
une nuit noire, sur le territoire espagnol, dans les
gorges d'Andarlaza. Appréhendé au corps[5] par deux

carabiniers, au détour d'un sentier d'ombre, il s'était
dégagé en tirant son couteau pour le plonger au hasard
dans une poitrine: une demi-seconde, la résistance de
la chair, puis, crac!¹ la lame brusquement entrée, un
5 jet de sang tout chaud sur sa main, l'homme tombé,
et lui, en fuite dans les rochers obscurs...

Et la voix qui prononce ces choses avec une implacable tranquillité est bien celle-là même qui, depuis des
années, chante pieusement chaque dimanche la liturgie
10 dans la vieille église sonore, — tellement qu'elle semble
en retenir un caractère religieux et presque sacré!...

— Dame!² quand on est pris, n'est-ce pas?... —
ajoute le conteur, en les scrutant tous de ses yeux
redevenus perçants, — quand on est pris, n'est-ce
15 pas?... Qu'est-ce que c'est que la vie d'un homme
dans ces cas-là? Vous n'hésiteriez pas non plus, je
pense bien, vous autres, si vous étiez pris?...

— Bien sûr, répond Arrochkoa sur un ton d'enfantine bravade, bien sûr! dans ces cas-là, pour la vie d'un
20 carabinero,³ hésiter!... Ah! par exemple!⁴...

Le débonnaire Florentino, lui, détourne ses yeux
désapprobateurs: il hésiterait, lui; il ne tuerait pas,
cela se devine à son expression même.

— N'est-ce pas? répète encore Itchoua, en dévisa-
25 geant cette fois Ramuntcho d'une façon particulière;
n'est-ce pas, dans ces cas-là, tu n'hésiterais pas, toi non
plus, hein?

— Bien sûr, répond Ramuntcho avec soumission, oh!
non, bien sûr...

30 Mais son regard, comme celui de Florentino, s'est
détourné. Une terreur lui vient de cet homme, de cette
impérieuse et froide influence déjà si complètement

subie ; tout un côté doux et affiné de sa nature, s'éveille, s'inquiète et se révolte.

D'ailleurs, un silence a suivi l'histoire, et Itchoua, mécontent de ses effets,[1] propose de chanter pour changer le cours des idées.

Le bien-être tout matériel des fins de repas, le cidre qu'on a bu, les cigarettes qu'on allume et les chansons qui commencent, ramènent vite la joie confiante dans ces têtes d'enfants. Et puis, il y a parmi la bande les deux frères, Iragola, Marcos et Joachim, jeunes hommes de la montagne au-dessus de Mondiazpi, qui sont des improvisateurs renommés dans le pays d'alentour, et c'est plaisir de les entendre, sur n'importe quel sujet, composer et chanter de si jolis vers.

Trois heures. C'est l'heure où finissent les vêpres chantées, dernier office du jour ; l'heure où sortent de l'église, dans un recueillement grave comme celui du matin, toutes les mantilles de drap noir cachant les jolis cheveux des filles, tous les bérets de laine pareillement abaissés sur les figures rasées des hommes, sur leurs yeux vifs ou sombres, plongés encore dans le songe des vieux temps.

Cest l'heure où vont commencer les jeux, les danses, la pelote et le fandango. Tout cela traditionnel et immuable.

Sur la place du jeu de paume, on commence à arriver de partout, du village même et des hameaux voisins, des maisonnettes de bergers ou de contrebandiers qui perchent là-haut, sur les âpres montagnes. Des centaines de bérets basques, tous semblables, sont à présent réunis, prêts à juger des coups en connaisseurs, à applaudir ou à murmurer ; ils discutent les

chances, commentent la force des joueurs et arrangent
entre eux de gros paris d'argent. Et des jeunes filles,
des jeunes femmes s'assemblent aussi, n'ayant rien de
nos paysannes des autres provinces de France, élé-
5 gantes, affinées, la taille gracieuse et bien prise[1] dans
des costumes de formes nouvelles; quelques-unes
portant encore sur le chignon le foulard de soie, roulé
et arrangé comme une petite calotte; les autres, tête
nue, les cheveux disposés de la manière la plus mo-
10 derne; d'ailleurs, jolies pour la plupart, avec d'admi-
rables yeux et de très longs sourcils... Cette place,
toujours solennelle et en temps ordinaire un peu triste,
s'emplit aujourd'hui dimanche d'une foule vive et gaie.

Le moindre hameau, en pays basque, a sa place pour
15 le jeu de paume, grande, soigneusement tenue, en
général près de l'église, sous des chênes.

Mais ici, c'est un peu le centre, et comme le conser-
vatoire des joueurs français, de ceux qui deviennent
célèbres, tant aux Pyrénées qu'aux Amériques,[2] et que,
20 dans les grandes parties internationales, on oppose aux
champions d'Espagne. Aussi la place est-elle particulièrement belle et pompeuse, surprenante en un
village si perdu. Elle est dallée de larges pierres, entre
lesquelles des herbes poussent, accusant sa vétusté et
25 lui donnant un air d'abandon. Des deux côtés s'éten-
dent, pour les spectateurs, de longs gradins, — qui sont
en granit rougeâtre de la montagne voisine et, en ce
moment, tout fleuris de scabieuses[3] d'automne. — Et
au fond, le vieux mur monumental se dresse, contre
30 lequel les pelotes viendront frapper; il a un fronton
arrondi, qui semble une silhouette de dôme.

Tandis que les gradins s'emplissent toujours, elle

reste vide encore, la place dallée que verdissent les
herbes, et qui a vu, depuis les vieux temps, sauter et
courir les lestes et les vigoureux de la contrée. Le
beau soleil d'automne, à son déclin, l'échauffe et
l'éclaire. Çà et là quelques grands chênes s'effeuillent 5
au-dessus des spectateurs assis. On voit là-bas la haute
église et les cyprès, tout le recoin sacré, d'où les saints
et les morts semblent de loin regarder, protéger les
joueurs, s'intéresser à ce jeu qui passionne encore toute
une race et la caractérise. 10
Enfin ils entrent dans l'arène, les *pelotaris*,[1] les six
champions parmi lesquels il en est un en soutane, le
vicaire de la paroisse. Avec eux, quelques autres
personnages : le crieur qui, dans un instant, va chanter
les coups ;[2] les cinq juges, choisis parmi des connais- 15
seurs de villages différents, pour intervenir dans les
cas de litige, et quelques autres portant des espadrilles
et des pelotes de rechange. A leur poignet droit, les
joueurs attachent avec des lanières une étrange chose
d'osier qui semble un grand ongle courbe leur allon- 20
geant de moitié l'avant-bras : c'est avec ce gant qu'il
va falloir saisir, lancer et relancer la pelote, — une
petite balle de corde serrée et recouverte en peau de
mouton, qui est dure comme une boule de bois.
Maintenant ils essaient leurs balles, choisissent les 25
meilleures, dégourdissent, par de premiers coups qui
ne comptent pas, leurs bras d'athlètes.[3] Puis, ils en-
lèvent leur veste, pour aller chacun la confier à quelque
spectateur de prédilection ; Ramuntcho, lui, porte la
sienne à Gracieuse, assise au premier rang, sur le 30
gradin d'en bas. Et, sauf le prêtre qui jouera
entravé dans sa robe noire, les voilà tous en tenue

de combat, le torse libre dans une chemise de coton-
nade rose ou bien moulé sous un léger maillot de fil.[1]

Les assistants les connaissent bien, ces joueurs;
dans un moment, ils s'exciteront pour ou contre eux
5 et vont frénétiquement les interpeller, comme on fait
aux toréadors.

En cet instant, le village s'anime tout entier de l'esprit
des temps anciens; dans son attente du plaisir, dans
sa vie, dans son ardeur, il est très basque et très vieux,
10 — sous la grande ombre de la Gizune, la montagne
surplombante, qui y jette déjà un charme de crépuscule.
Et la partie commence, au mélancolique soir. La
balle, lancée à tour de bras,[2] se met à voler, frappe le
mur à grands coups secs, puis rebondit et traverse
15 l'air avec la vitesse d'un boulet.

Ce mur du fond, arrondi comme un feston de dôme
sur le ciel, s'est peu à peu couronné de têtes d'enfants,
— petits Basques, petits bérets, joueurs de paume de
l'avenir, qui tout à l'heure vont se précipiter, comme
20 un vol d'oiseaux, pour ramasser la balle, chaque fois
que, trop haut lancée, elle dépassera la place et filera
là-bas dans les champs.

La partie graduellement s'échauffe, à mesure que
les bras et les jarrets se délient,[3] dans une ivresse de
25 mouvement et de vitesse. Déjà on acclame Ramuntcho.
Et le vicaire aussi sera l'un des beaux joueurs de la
journée, étrange à voir avec ses sauts de félin et ses
gestes athlétiques, emprisonnés dans sa robe de prêtre.

Ainsi est la règle du jeu: quand un champion de
30 l'un des camps[4] laisse tomber la balle, c'est un point
de gagné pour le camp adverse, — et l'on joue d'ordinaire en soixante. — Après chaque coup, le crieur

attitré chante à pleine voix, en sa langue millénaire:
« Le *but*[1] a tant, le *refù* a tant, messieurs! » Et sa
longue clameur se traîne aù-dessus du bruit de la
foule qui approuve ou murmure.

Ramuntcho joue comme, de sa vie, il n'avait encore 5
jamais joué; il est à l'un de ces instants où l'on croit
se sentir retrempé de force, léger, ne pesant plus rien,
et où c'est une pure joie de se mouvoir, de détendre
ses bras, de bondir. Mais Arrochkoa faiblit, le vicaire
deux ou trois fois s'entrave dans sa soutane noire, et 10
le camp adverse, d'abord distancé, peu à peu se rattrape; alors, en présence de cette partie disputée si
vaillamment, les clameurs redoublent et des bérets
s'envolent, jetés en l'air par des mains enthousiastes.

Maintenant les points sont égaux de part et d'autre; 15
le crieur annonce trente pour chacun des camps rivaux
et il chante ce vieux refrain qui est de tradition im-
mémoriale en pareil cas: « Les paris en avant![2] Payez
à boire aux juges et aux joueurs! » — C'est le signal
d'un instant de repos, pendant qu'on apportera du vin 20
dans l'arène, aux frais de la commune. Les joueurs
s'asseyent, et Ramuntcho va prendre place à côté de
Gracieuse, qui jette sur ses épaules trempées de sueur
la veste dont elle était gardienne. Ensuite, il demande
à sa petite amie de vouloir bien desserrer les lanières 25
qui tiennent le gant de bois, d'osier et de cuir à son
bras rougi. Et il se repose dans la fierté de son
succès, ne rencontrant que des sourires d'accueil sur
les visages des filles qu'il regarde.

La partie à présent se continue. D'instant en ins- 30
tant, clac! toujours le coup de fouet[3] des pelotes, leur
bruit sec contre le gant qui les lance ou contre le mur

qui les reçoit, leur même bruit donnant la notion de
toute la force déployée... Clac! elle fouettera jusqu'à
l'heure du crépuscule, la pelote, animée furieusement
par des bras puissants et jeunes. Parfois les joueurs,
5 d'un heurt terrible, l'arrêtent au vol, d'un heurt à
briser d'autres muscles que les leurs. Le plus souvent,
sûrs d'eux-mêmes, ils la laissent tranquillement toucher
terre, presque mourir: on dirait qu'ils ne l'attraperont
jamais: et clac! elle repart cependant, prise juste à
10 point, grâce à une merveilleuse précision de coup
d'œil, et s'en va refrapper le mur, toujours avec sa
vitesse de boulet... Quand elle s'égare sur les gradins,
sur l'amas des bérets de laine et des jolis chignons
noués d'un foulard de soie, toutes les têtes alors, tous
15 les corps s'abaissent comme fauchés par le vent de
son passage: c'est qu'il ne faut pas la toucher, l'en-
traver, tant qu'elle est vivante et peut encore être prise;
puis, lorsqu'elle est vraiment perdue, morte, quelqu'un
des assistants se fait honneur de la ramasser et de la
20 relancer aux joueurs, d'un coup habile qui la remette
à portée de leurs mains.

Le soir tombe, tombe, les dernières couleurs d'or
s'épandent avec une mélancolie sereine sur les plus
hautes cimes du pays basque. Dans l'église désertée,
25 les profonds silences doivent s'établir, et les images
séculaires se regarder seules à travers l'envahissement
de la nuit... Oh! la tristesse des fins de fête, dans
les villages très isolés, dès que le soleil s'en va!...

Cependant Ramuntcho de plus en plus est le grand
30 triomphateur. Et les applaudissements, les cris,
doublent encore sa hardiesse heureuse; chaque fois
qu'il fait un point, les hommes, debout maintenant sur

les vieux granits étagés du pourtour, l'acclament avec
une méridionale fureur...

. Le dernier coup, le soixantième point... Il est
pour Ramuntcho et voici la partie gagnée!

Alors, c'est un subit écroulement dans l'arène de
tous les bérets qui garnissaient l'amphithéâtre de
pierre; ils se pressent autour des joueurs, qui viennent
de s'immobiliser tout à coup dans des attitudes lassées.
Et Ramuntcho desserre les courroies de son gant au
milieu d'une foule d'expansifs admirateurs; de tous
côtés, de braves et rudes mains s'avancent afin de
serrer la sienne, ou de frapper amicalement sur son
épaule.

— As-tu parlé à Gracieuse pour danser ce soir? lui
demande Arrochkoa, qui, à cet instant, ferait pour lui
tout au monde.

— Oui, à la sortie de la messe, je lui ai parlé...
Elle m'a promis.

— Ah! à la bonne heure! C'est que j'avais crainte
que la mère... Oh! mais, j'aurais arrangé ça, moi,
dans tous les cas, tu peux me croire.

Maintenant, avec les autres *pelotaris,* il se rend à
l'auberge voisine, dans une chambre où sont déposés
leurs vêtements de rechange à tous et où des amis
soigneux les accompagnent pour essuyer leurs torses
trempés de sueur.

Et, l'instant d'après, sa toilette faite, élégant dans
une chemise toute blanche, le béret de côté et crânement[1] mis, il sort sur le seuil de la porte, sous les
platanes taillés en berceau, pour jouir encore de son
succès, voir encore passer des gens, continuer de
recueillir des compliments et des sourires.

IV

Huit heures du soir. Ils ont dîné à la cidrerie, tous
les joueurs, sauf le vicaire, sous le patronage d'Itchoua;
ils ont flâné longuement ensuite, alanguis dans la
fumée des cigarettes de contrebande — tandis que
5 dehors, dans la rue, les filles, par petits groupes se
donnant le bras, venaient regarder aux fenêtres,
s'amuser à suivre, sur les vitres enfumées, les ombres
rondes de toutes ces têtes d'hommes coiffés de bérets
pareils...
10 Maintenant, sur la place, l'orchestre de cuivre[1] joue
les premières mesures du fandango, et les jeunes garçons, les jeunes filles, tous ceux du village et quelques-
uns aussi de la montagne qui sont restés pour danser,
accourent par bandes impatientes. Il y en a qui dansent
15 déjà dans le chemin, pour ne rien perdre, qui arrivent
en dansant.

Et bientôt le fandango tourne, tourne, au clair de
la lune nouvelle dont les cornes semblent poser là-
haut, sveltes et légères, sur la montagne énorme et
20 lourde. Dans les couples qui dansent, sans se tenir,
on ne se sépare jamais; l'un devant l'autre toujours
et à distance égale, le garçon et la fille évoluent, avec
une grâce rythmée, comme liés ensemble par quelque
invisible aimant.

25 En face l'un de l'autre, Ramuntcho et Gracieuse
ne se disaient d'abord rien, tout entiers à l'enfantine
joie de se mouvoir vite et en cadence, au son d'une
musique.

Mais il y eut aussi, au cours de la soirée, des valses

et des quadrilles, et même des promenades bras dessus
bras dessous, permettant aux amoureux de causer.

— Alors, mon Ramuntcho, dit Gracieuse, c'est de
ça que tu penses faire ton avenir, n'est-ce pas? du jeu
de paume?

Ils se promenaient maintenant au bras l'un de l'autre,
sous les platanes effeuillés, dans la nuit de novembre,
tiède comme une nuit de mai, un peu à l'écart, pendant
un intervalle de silence où les musiciens se reposaient.

— Dame, oui! répondit Raymond; chez nous, c'est
un métier comme un autre, où l'on gagne bien sa vie,
tant que la force est là... Et on peut aller de temps
en temps faire une tournée aux Amériques, tu sais,
comme Irun et Gorostéguy, rapporter des[1] vingt, des
trente mille francs pour une saison, gagnés honnête-
ment sur les places de Buenos-Ayres.

— Oh! les Amériques! — s'écria Gracieuse, dans
un élan étourdi et joyeux, — les Amériques, quel bonheur! Ç'avait toujours été mon envie, à moi! Traverser la grande mer, pour voir ces pays de là-bas!...
Et nous irions à la recherche de ton oncle Ignacio,[2]
puis chez mes cousins Bidegaina, qui tiennent une
ferme au bord de l'Uruguay, dans les prairies...

Elle s'arrêta de parler, la petite fille jamais sortie
de ce village que les montagnes enferment et surplom-
bent; elle s'arrêta pour rêver à ces pays si lointains,
qui hantaient sa jeune tête parce qu'elle avait eu,
comme la plupart des Basques, des ancêtres migrateurs,
— de ces gens que l'on appelle ici Américains ou
Indiens, qui passent leur vie aventureuse de l'autre
côté de l'Océan et ne reviennent au cher village que
très tard, pour y mourir. Et, tandis qu'elle rêvait, le

nez en l'air, les yeux en haut dans le noir des nuées
et des cimes emprisonnantes, Ramuntcho sentaît son
cœur battre plus fort, dans l'intense joie de ce qu'elle
venait de si spontanément dire. Et, la tête penchée
5 vers elle, la voix infiniment douce et enfantine, il lui
demanda, comme un peu pour plaisanter:

— *Nous irions?* C'est bien comme ça que tu as
parlé: *nous irions,* toi avec moi? Ça signifie donc que
tu serais consentante, un peu plus tard, quand nous
10 serons d'âge, à nous marier tous deux?

Il perçut, à travers l'obscurité, le gentil éclair noir
des yeux de Gracieuse qui se levaient vers lui avec
une expression d'étonnement et de reproche:

— Alors...tu ne le savais pas?

15 — Je voulais te le faire dire, tu vois bien... C'est
que tu ne me l'avais jamais dit, sais-tu...

Il serra contre lui le bras de sa petite fiancée, et
leur marche devint plus lente. C'est vrai, qu'ils ne
s'étaient jamais dit cela, non pas seulement parce qu'il
20 leur semblait que ça allait de soi,[1] mais surtout parce
qu'ils se sentaient arrêtés au moment de parler par une
terreur quand même,[2] — la terreur de s'être trompés
et que ce ne fût pas vrai... Et maintenant ils savaient,
ils étaient sûrs. Alors ils prenaient conscience qu'ils
25 venaient de franchir à deux le seuil grave et solennel
de la vie.

— Mais, est-ce que tu crois qu'elle voudra, ta mère?
reprit Ramuntcho timidement, après le long silence
délicieux...

30 — Ah! voilà...répondit la petite fiancée, avec un
soupir d'inquiétude... Arrochkoa, mon frère, sera
pour nous, c'est bien probable. Mais maman?...

Maman voudra-t-elle?... Et puis, ce ne serait pas
pour bientôt, dans tous les cas... Tu as ton service
à faire à l'armée.

— Non, si tu le veux! Non, je peux ne pas le
faire, mon service! Je suis Guipuzcoan,[1] moi; alors, 5
on ne me prendra pour la conscription que si je le
demande... Donc ce sera comme tu l'entendras;
comme tu voudras, je ferai...

— Ça, mon Ramuntcho, j'aimerais mieux plus longtemps t'attendre et que tu te fasses naturaliser, et 10
que tu sois soldat comme les autres. C'est mon idée
à moi, puisque tu veux que je te la dise!...

— Vrai, c'est ton idée?... Eh bien, tant mieux,
car c'est la mienne aussi. Oh! mon Dieu, Français ou
Espagnol, moi, ça m'est égal. A ta volonté, tu m'en- 15
tends! J'aime autant l'un que l'autre: je suis Basque[2]
comme toi, comme nous sommes tous; le reste, je m'en
fiche![3] Mais, pour ce qui est d'être soldat quelque
part, de ce côté-ci de la frontière ou de l'autre, oui, je
préfère ça: d'abord on a l'air d'un lâche quand on 20
s'esquive; et puis, c'est une chose qui me plaira, pour
te dire franchement. Ça et voir du pays, c'est mon
affaire[4] tout à fait!

— Eh bien, mon Ramuntcho, puisque ça t'est égal,
alors, fais-le en France, ton service, pour que je sois 25
plus contente..

— Entendu, Gatchutcha![5]... Tu me verras en
pantalon rouge, hein? Je reviendrai au pays comme
Bidegarray, comme Joachim, te rendre visite en soldat.
Et, sitôt mes trois années finies, alors, notre mariage, 30
dis, si ta maman nous permet!

Après un silence encore, Gracieuse reprit,

d'une voix plus basse, et solennellement cette
fois :

— Écoute-moi bien, mon Ramuntcho... Je suis
comme toi, tu penses : j'ai peur d'elle...de ma mère...
5 Mais, écoute-moi bien...si elle nous refusait, je ne lui
obéirais pas...

Puis, le silence de nouveau revint entre eux, maintenant qu'ils s'étaient promis, l'incomparable silence
des joies jeunes, des joies neuves et encore in-
10 éprouvées, qui ont besoin de se taire, de se recueillir pour se comprendre mieux dans toute leur pro-
fondeur.

Mais le bruit des cuivres tout à coup s'éleva de
nouveau, en une sorte de valse lente un peu bizar-
15 rement rythmée. Et les deux petits fiancés, très enfants, à l'appel du fandango, sans s'être consultés et
comme s'il s'agissait d'une chose obligée qui ne se
discute pas, prirent leur course pour n'en rien manquer,
vers le lieu où les couples dansaient. Vite, vite en
20 place l'un devant l'autre, ils se remirent à se balancer
en mesure, toujours sans se parler, avec leurs mêmes
jolis gestes de bras. De temps à autre, sans perdre
le pas ni la distance, ils filaient tous deux, en ligne
droite comme des flèches, dans une direction quel-
25 conque. Mais ce n'était qu'une variante habituelle de
cette danse-là ; — et, toujours en mesure, vivement,
comme des gens qui glissent, ils revenaient à leur point
de départ.

Et, jusqu'au couvre-feu sonné à l'église, ce petit bal
30 sous les branches d'automne, ces petites lanternes, cette
petite fête dans ce recoin fermé du monde, jetèrent
un peu de lumière et de bruit joyeux au milieu

de la vaste nuit, que faisaient plus sourde et plus noire les montagnes dressées partout comme des géants d'ombre.

⚜

IL s'agit d'une grande partie de paume pour dimanche prochain, au bourg d'Hasparitz.

Arrochkoa et Ramuntcho, compagnons de continuelles courses à travers le pays d'alentour, cheminent le jour entier, dans la petite voiture des Detcharry, pour organiser cette partie-là, qui représente à leurs yeux un événement considérable.

Et ils ont traversé plusieurs villages basques, groupés tous autour de ces deux choses qui en sont le cœur et qui en symbolisent la vie : l'église et le jeu de paume. Çà et là, ils ont frappé à des portes de maisons isolées, maisons hautes et grandes, soigneusement blanchies à la chaux, avec des auvents verts, et des balcons de bois où sèchent au dernier soleil des chapelets[1] de piments rouges. Longuement ils ont parlementé, en leur langage si fermé aux étrangers de France, avec les joueurs fameux, les champions attitrés, — ceux dont on a vu les noms bizarres sur tous les journaux du sud-ouest, sur toutes les affiches de Biarritz ou de Saint-Jean-de-Luz,[2] et qui, dans la vie ordinaire, sont de braves aubergistes de campagne, des forgerons, des contrebandiers, la veste jetée à l'épaule et les manches de chemise retroussées sur des bras de bronze.

Maintenant que tout est réglé et les paroles fermes échangées,[3] il est trop tard pour rentrer cette nuit chez eux à Etchézar ; alors, suivant leurs habitudes d'er-

rants, ils choisissent pour y dormir un village à leur
guise, Zitzarry,[1] par exemple, qu'ils ont déjà beaucoup
fréquenté pour leurs affaires de contrebande. A la
tombée du jour donc, ils tournent bride[2] vers ce lieu,
5 qui est proche et confine à l'Espagne.

Zitzarry, un village de contrebandiers, un village
perdu qui frôle la frontière. Une auberge délabrée
et de mauvais aspect, où, suivant la coutume, les logis
pour les hommes se trouvent directement au-dessus
10 des étables, des écuries noires. Ils sont là des voyageurs
très connus, Arrochkoa et Ramuntcho, et, tandis qu'on
allume le feu pour eux, ils s'asseyent près d'une antique fenêtre à meneau,[3] qui a vue sur la place du jeu
de paume et l'église; ils regardent finir la tranquille
15 petite vie de la journée dans ce lieu si séparé du monde.

Puis, l'angélus[4] sonne — et c'est, dans tout le village,
un tranquille recueillement de prière...

Alors Ramuntcho, silencieux, s'inquiète de sa des-
tinée. Et son cœur aussi se serre,[5] de ce qu'il est seul
20 et sans appui au monde, de ce que Gracieuse est d'une
condition différente de la sienne et ne lui sera peut-
être jamais donnée.

Mais voici qu'Arrochkoa, très fraternel cette fois,
dans un de ses bons moments, lui frappe sur l'épaule
25 comme s'il avait compris sa rêverie et lui dit d'un ton
de gaité légère:

— Eh bien! il paraît que vous avez causé ensemble,
hier au soir, la[6] sœur et toi,—c'est elle qui me l'a appris,
— et que vous êtes joliment d'accord tous deux![7]...
30 Ramuntcho lève vers lui un long regard d'interrogation anxieuse et grave, qui contraste avec ce début
de leur causerie:

— Et qu'est-ce que tu penses, toi,' demande-t-il, de
ce que nous avons dit tous deux?

— Oh! moi, mon ami, répond Arrochkoa devenu
plus sérieux lui aussi, moi, parole d'honneur, ça me
va très bien![1]... Même, comme je prévois que ce 5
sera dur avec la mère, si vous avez besoin d'un coup
de main,[2] je suis prêt à vous le donner, voilà![3]...

Et la tristesse de Raymond est dissipée comme un
peu de poussière sur laquelle on a soufflé. Il trouve
le souper délicieux, l'auberge gaie. Il se sent bien 10
plus le fiancé de Gracieuse, à présent que quelqu'un
est dans la confidence, et quelqu'un de la famille qui
ne le repousse pas. Il avait cru pressentir qu'Arrochkoa ne lui serait pas hostile, mais ce concours si
nettement offert dépasse de beaucoup ses espoirs. — 15
Pauvre petit abandonné, si conscient de l'humilité de
sa situation, que l'appui d'un autre enfant, un peu
mieux établi dans la vie, suffit à lui rendre courage
et confiance!..

VI

A L'AUBE incertaine et un peu glacée, il s'éveilla 20
dans sa chambrette d'auberge, avec une impression
persistante de sa joie d'hier. Dehors, on entendait des
sonnailles de troupeaux partant pour les pâturages,
des vaches qui beuglaient au jour levant, des cloches
d'églises, — et déjà, contre le mur de la grande place, 25
les coups secs de la pelote basque : tous les bruits d'un
village pyrénéen qui recommence sa vie coutumière
pour un jour nouveau. Et cela semblait à Raymond
une aubade de fête.

De bonne heure ils remontèrent, Arrochkoa et lui, dans leur petite voiture, et, enfonçant leurs bérets pour le vent de la course, partirent au galop de leur cheval, sur les routes un peu saupoudrées de gelée blanche.

5 A Etchézar, quand ils arrivèrent pour midi, on aurait cru l'été, — tant le soleil était beau.

Dans le jardinet devant sa maison, Gracieuse se tenait assise sur le banc de pierre :

— J'ai parlé à Arrochkoa ! lui dit Ramuntcho, avec 10 un bon sourire heureux, dès qu'il se trouva seul avec elle... Et il est tout à fait pour nous, tu sais !

— Oh ! ça, répondit la petite fiancée, sans perdre l'air tristement pensif qu'elle avait ce matin-là, oh ! ça...mon frère Arrochkoa, je m'en doutais, c'était sûr ! 15 Un joueur de pelote comme toi, tu penses, c'est fait pour lui plaire, à son idée c'est tout ce qu'il y a de supérieur...

— Mais ta maman, Gatchutcha, depuis quelques jours elle est bien mieux pour moi, je trouve... Ainsi, 20 dimanche, tu t'en souviens, quand je t'ai demandée pour danser...

— Oh ! ne t'y fie pas, mon Ramuntchito ! ... tu veux dire avant-hier, à la sortie de la messe ?... C'est qu'elle venait de causer avec la Bonne-Mère, n'as-tu pas 25 vu ?... Et la Bonne-Mère avait tempêté[1] pour que je ne danse plus avec toi sur la place ; alors, rien que dans le but de la contrarier, tu comprends... Mais, ne t'y fie pas, non...

— Ah ! ... répondit Ramuntcho, dont la joie était 30 déjà tombée, c'est vrai, qu'elles ne sont pas trop bien ensemble[2]...

— Bien ensemble, maman et la Bonne-Mère ?...

Comme chien et chat, oui!... Depuis qu'il a été
question de mon entrée au couvent, tu ne te rappelles
donc pas l'histoire?

Il se rappelait très bien, au contraire, et cela l'épouvantait encore. Les souriantes et mystérieuses nonnes 5
noires avaient une fois cherché à attirer dans la paix
de leurs maisons cette petite tête blonde, exaltée et
volontaire, possédée d'un immense besoin d'aimer et
d'être aimée...

— Gatchutcha, tu es toujours chez les sœurs ou avec 10
elles; pourquoi si souvent? explique-moi: elles te
plaisent donc bien?

— Les sœurs? non, mon Ramuntcho, celles d'à
présent surtout, qui sont nouvelles au pays et que je
connais à peine — car on nous les change souvent, tu 15
sais... Les sœurs, non... Je te dirai même que,
pour la Bonne-Mère, je suis comme maman, je ne peux
pas la sentir[1]...

— Eh bien, alors, quoi?...

— Non, mais, que veux-tu,[2] j'aime leurs cantiques, 20
leurs chapelles, leurs maisons, tout... Je ne peux pas
bien t'expliquer, moi... Et puis, d'ailleurs, les garçons, ça ne comprend rien...

Son petit sourire, pour dire cela, fut tout de suite
éteint, changé en une expression contemplative, que 25
Raymond lui avait déjà souvent vue. Elle regardait
attentivement devant elle où il n'y avait pourtant que
la route sans promeneurs, que les arbres effeuillés,
que la masse brune de l'écrasante montagne; mais on
eût dit que Gracieuse était ravie en mélancolique ex- 30
tase par des choses aperçues au delà, par des choses
que les yeux de Ramuntcho ne distinguaient pas...

Et, pendant leur silence à tous deux, l'angélus de midi commença de sonner, jetant plus de paix encore sur le village tranquille qui se chauffait au soleil d'hiver ; alors, courbant la tête, ils firent naïvement ensemble leur signe de croix...

Puis, quand finit de vibrer la sainte cloche, qui dans les villages basques interrompt la vie, comme en Orient le chant des muezzins,[1] Raymond se décida à dire :

— Ça me fait peur, Gatchutcha, de te voir en leur compagnie toujours... Je ne suis pas sans me demander, va,[2] quelle idée tu gardes au fond de ta tête...

Fixant sur lui le noir profond de ses yeux, elle répondit, en reproche très doux :

— Voyons, c'est toi, qui me parles ainsi, après ce que nous avons dit ensemble dimanche soir !... Si je venais à te perdre, oui alors, peut-être...pour sûr, même !... Mais jusque-là, oh ! non...oh ! sois bien tranquille, mon Ramuntcho...

Il soutint longuement son regard, qui peu à peu ramenait en lui toute la confiance délicieuse, et il finit par sourire d'un sourire d'enfant :

— Pardonne-moi, demanda-t-il... Je dis des bêtises très souvent, tu sais !...

— Ça, par exemple,[3] c'est vrai !

Alors, on entendit sonner leurs deux rires, qui, en des intonations différentes, avaient la même fraîcheur et la même jeunesse. Ramuntcho, d'un geste de brusquerie et de grâce qui lui était familier, changea sa veste d'épaule,[4] tira son béret de côté, et, sans autre adieu qu'un petit signe de tête, ils se séparèrent, parce que Dolorès arrivait là bas au bout du chemin.

VII

MINUIT, une nuit d'hiver noire comme l'enfer, par grand vent et pluie fouettante. Au bord de la Bidassoa, au milieu d'une étendue confuse au sol traître qui éveille des idées de chaos, parmi des vases où leurs pieds s'enfoncent, des hommes charrient des caisses sur 5 leurs épaules et, entrant dans l'eau jusqu'à mi-jambe, viennent tous les jeter dans une longue chose, plus noire que la nuit, qui doit être une barque, — une barque suspecte et sans fanal, amarrée près de la berge.

C'est encore la bande d'Itchoua, qui cette fois va 10 opérer par la rivière. On a dormi quelques moments, tout habillés, dans la maison d'un recéleur qui habite près de l'eau, et, à l'heure voulue,[1] Itchoua, qui ne ferme jamais qu'un seul de ses yeux, a secoué son monde; puis, on est sorti à pas de loup,[2] dans les 15 ténèbres, sous l'ondée froide propice aux contrebandes.

En route maintenant, à l'aviron, pour l'Espagne dont les feux[3] s'aperçoivent au loin, brouillés par la pluie. Il fait un temps déchaîné;[4] les chemises des hommes sont déjà trempées, et, sous les bérets enfoncés 20 jusqu'aux yeux, le vent cingle les oreilles. Cependant, grâce à la vigueur des bras, on allait vite et bien, quand tout à coup apparaît dans l'obscurité quelque chose comme un monstre qui s'approcherait en glissant sur les eaux. Mauvaise affaire! C'est le bateau de 25 ronde[5] qui promène chaque nuit les douaniers d'Espagne. En hâte, il faut changer de direction, ruser, perdre un temps précieux quand déjà on est en retard.

Enfin pourtant les voici arrivés sans encombre tout
près de la rive espagnole, parmi les grandes barques
de pêche qui, les nuits de tourmente, dorment là sur
leurs chaînes, devant la « Marine »[1] de Fontarabie.
5 C'est l'instant grave. Heureusement la pluie leur est
fidèle et tombe encore à torrents. Tout baissés dans
leur canot pour moins paraître, ne parlant plus, pous-
sant du fond avec les rames pour faire moins de bruit,
ils s'approchent doucement, doucement, avec des temps
10 d'arrêt sitôt qu'un rien leur a paru bouger, au milieu
de tant de noir diffus et d'ombres sans contours.

Maintenant les voici tapis contre l'une de ces grandes
barques vides, presque à toucher la terre. Et c'est le
point convenu, c'est là que les camarades de l'autre pays
15 devraient se tenir pour les recevoir et pour emporter
leurs caisses jusqu'à la maison de recel... Personne,
cependant !... Où donc sont-ils ?... Les premiers
moments se passent dans une sorte de paroxysme d'attente et de guet, qui double la puissance de l'ouïe et
20 de la vue. Les yeux dilatés et les oreilles tendues, ils
veillent, sous le ruissellement monotone de la pluie...
Mais où sont-ils donc, les camarades d'Espagne ? Sans
doute l'heure est passée, à cause de cette maudite ronde
de douane qui a dérangé tout le voyage, et, croyant le
25 coup manqué pour cette fois, ils seront[2] repartis.

Des minutes encore s'écoulent, dans la même immobilité et le même silence. On distingue, alentour, les
grandes barques inertes, comme des cadavres de bêtes
qui flotteraient, et puis, au-dessus des eaux, un amas
30 d'obscurités plus denses que les obscurités du ciel et
qui sont les maisons, les montagnes de la rive... Ils
attendent, sans un mouvement ni une parole. On

dirait des bateliers-fantômes, aux abords d'une ville morte.

Peu à peu la tension de leurs sens faiblit, une lassitude leur vient, avec un besoin de sommeil — et ils dormiraient là même, sous cette pluie d'hiver, si le lieu 5 n'était si dangereux.

Itchoua alors tient conseil tout bas, en langue basque, avec les deux plus anciens, et ils décident de faire une chose hardie. Puisqu'ils ne viennent pas, les autres, eh bien! tant pis, on va tenter d'y aller, de porter 10 jusqu'à la maison, là-bas, les caisses de contrebande. C'est terriblement risqué, mais ils l'ont mis dans leur tête et rien ne les arrêtera plus.

— Toi, dit Itchoua à Raymond, avec sa manière à lui qui n'admet pas de réplique, toi, mon petit, tu seras 15 celui qui gardera la barque, puisque tu n'es jamais venu dans le chemin où nous allons; tu l'amarreras tout contre terre, mais d'un tour pas trop solide,[1] tu m'entends, pour être prêt à filer sans bruit si les carabiniers arrivent.   20

Donc, ils s'en vont, tous les autres, les épaules courbées sous les lourdes charges; les frôlements à peine perceptibles de leur marche se perdent tout de suite sur le quai désert et si noir, au milieu des monotones bruissements de l'averse. Et Ramuntcho, resté seul, 25 s'accroupit au fond de son canot pour moins paraître, s'immobilise à nouveau, sous l'arrosage incessant d'une pluie qui tombe maintenant régulière et tranquille.

Ils tardent à revenir, les camarades, — et par degrés, dans cette inaction et ce silence, un engourdissement 30 irrésistible le gagne, presque un sommeil.

Mais voici qu'une longue forme, plus sombre que

tout ce qui est sombre, passe à ses côtés, passe très vite,
— toujours dans ce même absolu silence qui demeure
comme la caractéristique de cette entreprise nocturne :
une des grandes barques espagnoles ! ... Cependant,
5 songe-t-il, puisque toutes sont à l'ancre, puisque celle-ci
n'a ni voiles ni rameurs...alors, quoi?...c'est que c'est
moi-même qui passe ! ... Et il a compris : son canot
était trop légèrement amarré, et le courant, très rapide
ici, l'entraîne, — et il est déjà loin, filant vers l'em-
10 bouchure de la Bidassoa, vers les brisants, vers la
mer...

Une anxiété vient l'étreindre, presque une angoisse... Que faire?... Et, ce qui complique tout,
il faut agir sans un cri d'appel, sans un bruit, car,
15 tout le long de cette côte qui semble le pays du vide
et des ténèbres, il y a des carabiniers, échelonnés en
cordon interminable et veillant chaque nuit sur l'Espagne comme sur une terre défendue... Il essaie,
avec une des longues rames, de pousser du fond pour
20 revenir en arrière ; — mais il n'y en a plus de fond ;[1]
il ne trouve que l'inconsistance de l'eau fuyante et
noire, il est déjà dans la passe profonde... Alors,
ramer coûte que coûte,[2] et tant pis ! ...

A grand'peine, la sueur au front, il ramène seul
25 contre le courant la barque pesante, inquiet, à chaque
coup d'aviron, du petit grincement révélateur, qu'une
ouïe fine là-bas pourrait si bien percevoir. Et puis,
on n'y voit plus rien, à travers la pluie plus épaisse
qui brouille les yeux ; il fait noir, noir comme dans
30 les entrailles de la terre. Il ne reconnaît plus le point
de départ où doivent l'attendre les autres, dont il aura
peut-être causé la perte ; il hésite, il s'arrête, l'oreille

téndue, les artères bruissantes,[1] et se cramponne, pour réfléchir, à l'une des grandes barques d'Espagne... Quelque chose alors s'approche, glissant comme avec des précautions infinies à la surface de l'eau à peine remuée: une ombre humaine, dirait-on, une silhouette debout, — un contrebandier, sûrement, pour faire si peu de bruit! L'un l'autre ils se devinent, et, Dieu merci! c'est bien Arrochkoa; Arrochkoa, qui a détaché un frêle canot espagnol pour aller à sa rencontre... Donc, la jonction entre eux est opérée et ils sont probablement sauvés tous, encore une fois!

Mais Arrochkoa, en l'abordant, profère d'une voix sourde et mauvaise, d'une voix serrée entre ses dents de jeune félin, une de ces suites d'injures qui appellent la réplique immédiate et sonnent comme une invitation à se battre... C'était si imprévu, que la stupeur d'abord immobilise Raymond, retarde la montée du sang à sa tête vive. Est-ce bien cela que son ami vient de dire, et sur un tel ton d'indéniable insulte!...

— Tu as dit?

— Dame!... — reprend Arrochkoa, un peu radouci tout de même, et sur ses gardes, observant dans les ténèbres les attitudes de Ramuntcho. — Dame! tu as manqué nous faire prendre tous, maladroit que tu es!...

Cependant les silhouettes des autres surgissent d'un canot voisin.

— Ils sont là, continue-t-il, arme ton aviron,[2] rapprochons nous d'eux!

Et Ramuntcho se rassied à sa place de rameur, les tempes chaudes de colère, les mains tremblantes... Non, d'ailleurs...c'est le frère de Gracieuse: tout serait perdu s'il se battait avec lui; à cause d'elle, il courbera la tête et ne répondra rien.

Maintenant leur barque s'éloigne à force de rames,[1] les emmenant tous; le tour est joué. Il était temps; deux voix espagnoles vibrent sur la rive noire: deux carabiniers, qui sommeillaient dans leur manteau et que le bruit a réveillés!... Et ils commencent à héler cette barque fuyante et sans fanal, moins aperçue que soupçonnée, perdue tout de suite dans l'universelle confusion nocturne.

— Trop tard, les amis! ricane Itchoua, en ramant à outrance.[2] Hélez à votre aise, à présent, et que le diable vous réponde!

Le courant aussi les aide; ils s'éloignent dans l'épaisse obscurité avec la vitesse des poissons.

Ouf! Maintenant ils sont dans les eaux françaises, en sécurité, non loin sans doute de la vase des berges.

— Arrêtons-nous pour souffler un peu, propose Itchoua.

Et ils lèvent leurs avirons, tout haletants, trempés de sueur et de pluie. Les voici de nouveau immobiles sous l'ondée froide qu'ils ne semblent pas sentir. On n'entend plus, dans le vaste silence, que le souffle peu à peu calmé des poitrines, la petite musique des gouttes d'eau qui tombent et leurs ruissellements légers.

Mais tout à coup, de cette barque qui était si tranquille et qui n'avait plus que l'importance d'une ombre à peine réelle au milieu de tant de nuit, un cri s'élève, suraigu, terrifiant; il remplit le vide et s'en va déchirer les lointains... Il est parti de ces notes très hautes qui n'appartiennent d'ordinaire qu'aux femmes, mais avec quelque chose de rauque et de puissant qui indique

plutôt le mâle sauvage ; il a le mordant[1] de la voix des
chacals et il garde quand même on ne sait quoi d'humain qui fait davantage frémir ; on attend avec une
sorte d'angoisse qu'il finisse, et il est long, long, il
oppresse par son inexplicable longueur... Il avait 5
commencé comme un haut cri d'agonie, et voici qu'il
s'achève et s'éteint en une sorte de rire, sinistrement
burlesque, comme le rire des fous... .

Cependant, autour de l'homme qui vient de crier
ainsi à l'avant de la barque, aucun des autres ne s'étonne 10
ni ne bouge. Et, après quelques secondes d'apaisement
silencieux, un nouveau cri semblable part de l'arrière,
répondant au premier et passant par les mêmes phases,
—qui sont de tradition infiniment ancienne.

Et c'est simplement l'*irrintzina*,[2] le grand cri basque, 15
qui s'est transmis avec fidélité du fond de l'abîme des
âges jusqu'aux hommes de nos jours, et qui constitue
l'une des étrangetés de cette race aux origines envelop-
pées de mystère. Cela ressemble au cri d'appel de
certaines tribus Peaux-Rouges dans les forêts des 20
Amériques ; la nuit, cela donne la notion et l'insondable
effroi des temps primitifs, quand, au milieu des solitudes du vieux monde, hurlaient des hommes au gosier
de singe.

On pousse ce cri pendant les fêtes, ou bien pour 25
s'appeler le soir dans la montagne, et surtout pour
célébrer quelque joie, quelque aubaine imprévue, une
chasse miraculeuse ou un coup de filet heureux[3] dans
l'eau des rivières.

Et ils s'amusent, les contrebandiers, à ce jeu des 30
ancêtres ; ils donnent de la voix[4] pour glorifier
leur entreprise réussie, ils crient par besoin phy-

sique de se dédommager de leur silence de tout à l'heure.

Mais Ramuntcho reste muet et sans un sourire. Cette sauvagerie soudaine le glace, bien qu'elle lui soit depuis longtemps connue; elle le plonge dans les rêves qui inquiètent et ne se démêlent pas.

Et puis, il a senti ce soir une fois de plus combien était incertain et changeant son seul appui au monde, l'appui de cet Arrochkoa sur qui il aurait pourtant besoin de pouvoir compter comme sur un frère; ses audaces et ses succès au jeu de paume le lui rendront sans doute, mais une défaillance, un rien, peut à tout moment le lui faire perdre. Alors il lui semble que l'espoir de sa vie n'a plus de base, que tout s'évanouit comme une inconsistante chimère.

VIII

C'était le soir de la Saint-Sylvestre.[1]

Toute la journée, s'était maintenu ce ciel sombre qui est si souvent le ciel du pays basque — et qui va bien d'ailleurs avec les âpres montagnes, avec la mer bruissante et mauvaise,[2] en bas, au fond du golfe de Biscaye.

Au crépuscule de ce dernier jour de l'année, à l'heure où les feux de branches retiennent les hommes autour des foyers épars dans la campagne, à l'heure où le gîte est désirable et délicieux, Ramuntcho et sa mère allaient s'asseoir pour souper, quand on frappa discrètement à leur porte.

L'homme qui leur arrivait de la nuit du dehors, au

premier aspect leur sembla inconnu; quand il se fut
nommé seulement (José Bidegarray, d'Hasparitz), ils
se rappelèrent le matelot parti depuis des années
pour naviguer aux Amériques.

— Voilà, dit-il après avoir accepté une chaise, voilà 5
quelle commission[1] l'on m'a chargé de vous faire. Une
fois, à Rosario[2] de l'Uruguay, comme je causais sur
les docks avec d'autres Basques émigrés là-bas, un
homme, qui pouvait avoir cinquante ans environ, s'est
approché de moi, en m'entendant parler d'Etchézar. 10

« — Vous en êtes, vous, d'Etchézar? m'a-t-il demandé.

« — Non, mais du bourg d'Hasparitz, qui n'en est
guère éloigné.

« Alors il m'a fait des questions sur toute votre 15
famille. J'ai dit:

« — Les vieux sont morts, le frère aîné a été tué
à la contrebande, le second a disparu aux Amériques;
il ne reste plus que Franchita avec son fils Ramuntcho,
un beau jeune garçon qui peut avoir dans les dix- 20
huit ans[3] aujourd'hui.

« Il était tout songeur en m'écoutant parler.

« — Eh bien, m'a-t-il dit pour finir, puisque vous
retournez là-bas, vous leur direz le bonjour de la
part d'Ignacio. 25

« Et, après m'avoir offert un verre à boire, il s'en
est allé... »

Franchita s'était levée, tremblante et encore plus
pâle que de coutume. Ignacio, le plus aventurier de
toute la famille, son frère disparu depuis dix années 30
sans donner de ses nouvelles!...

Comment était-il? Quelle figure? Habillé de quelle

façon?... Avait-il l'air heureux, au moins, ou la
tenue d'un pauvre?

— Oh! répondit le matelot, il marquait bien encore,[1]
malgré ses cheveux gris; pour le costume, il paraissait
5 un homme à son aise,[2] avec une belle chaîne d'or à
sa ceinture.

Et c'était tout ce qu'il pouvait dire, par exemple,[3]
cela, avec ce naïf et rude bonjour dont il était porteur;
au sujet de l'exilé, il n'en savait pas davantage, et
10 peut-être, jusqu'à la mort, Franchita n'apprendrait
jamais rien de plus sur ce frère, presque inexistant
comme un fantôme.

Puis, quand il eut vidé un verre de cidre, il reprit
sa route, le messager étrange qui se rendait là-haut
15 dans son village. Alors, ils se mirent à table sans se
parler, la mère et le fils; elle, la silencieuse Franchita,
distraite, avec des larmes qui faisaient briller ses
yeux; lui, troublé aussi, mais d'une manière différente,
par la pensée de cet oncle, courant là-bas la grande
20 aventure.[4]

Au sortir de l'enfance, quand Ramuntcho commençait à déserter l'école, à vouloir suivre les contrebandiers dans la montagne, Franchita avait coutume
de lui dire en le grondant:
25 — D'ailleurs, tu tiens de ton oncle Ignacio, on ne
fera jamais rien de toi!...

Et c'était vrai qu'il tenait de son oncle Ignacio,
qu'il était fasciné par toutes les choses dangereuses,
inconnues et lointaines...
30 Ce soir donc, si elle ne parlait pas à son fils du
message qui venait de leur être transmis, c'est qu'elle
devinait le sens de sa rêverie sur les Amériques et

qu'elle avait peur de ses réponses. Du reste, chez les
campagnards ou chez les gens du peuple, les petits
drames profonds et intimes se jouent sans paroles,
avec des malentendus jamais éclaircis, des phrases
seulement devinées et d'obstinés silences.   5

Mais, comme ils finissaient leur repas, ils entendirent
un chœur de voix jeunes et gaies, qui se rapprochait,
accompagné d'un tambour : les garçons d'Etchézar,
venant prendre Ramuntcho pour l'emmener avec eux
faire en¹ musique le tour du village, suivant la cou-   10
tume des nuits de la Saint-Sylvestre,² entrer dans
chaque maison, y boire un verre de cidre et y donner
une joyeuse sérénade sur un air du vieux temps.

Et Ramuntcho, oubliant l'Uruguay et l'oncle mystérieux, redevint enfant, dans son plaisir de les suivre   15
et de chanter avec eux le long des chemins obscurs,
ravi surtout de penser qu'on entrerait chez les Detcharry et qu'il reverrait un instant Gracieuse.

IX

LE changeant mois de mars était arrivé, et avec
lui l'enivrement du printemps, joyeux pour les jeunes,   20
mélancolique pour ceux qui déclinent.

Et Gracieuse avait recommencé de s'asseoir, au
crépuscule des jours déjà allongés, sur le banc de
pierre devant sa porte.

La maison de Gracieuse était très ancienne, comme   25
la plupart des maisons de ce pays basque, où les
années changent, moins qu'ailleurs, les choses... Elle
avait deux étages ; un grand toit débordant, en pente

rapide; des murailles comme une forteresse, que l'on
blanchissait à la chaux tous les étés; de très petites
fenêtres, avec des entourages de granit taillé et des
contrevents verts. Au-dessus de la porte de façade,
5 un linteau de granit portait une inscription en relief;
des mots compliqués et longs, qui, pour des yeux de
Français, ne ressemblaient à rien de connu. Cela
disait: « Que notre Sainte Vierge bénisse cette demeure, bâtie en l'an 1630 par Pierre Detcharry, bedeau,
10 et sa femme Damasa Irribarne, du village d'Istaritz.»
Un jardinet de deux mètres de large, entouré d'un
mur bas pour permettre de voir passer le monde,
séparait la maison du chemin; il y avait là un beau
laurier rose de pleine terre,[1] étendant son feuillage
15 méridional au-dessus du banc des soirs, et puis des
yuccas, un palmier, et des touffes énormes de ces
hortensias, qui deviennent géants ici, dans ce pays
d'ombre, sous ce tiède climat enveloppé si souvent de
nuages. Par derrière ensuite, venait un verger mal
20 clos, qui dévalait jusqu'à un chemin abandonné, favo-
rable aux escalades d'amants.

Gracieuse vivait de plus en plus sur son banc devant
sa porte.

Elle s'attardait · toujours davantage à cette place
25 qu'elle aimait, sous l'abri du laurier-rose près de
fleurir, et quelquefois même, sortait sans bruit par la
fenêtre, comme une petite sournoise, pour venir là
respirer longuement, après que sa mère était couchée.

Or, Ramuntcho le savait et, chaque jour, la pensée de
30 ce banc troublait son cœur.

X

Un clair matin d'avril, ils cheminaient tous deux vers l'église, Gracieuse et Raymond. Elle, d'un air demi-grave, demi-moqueur, d'un petit air particulier et très drôle, le menant là pour lui faire faire une péni- tence qu'elle lui avait commandée.   5

Quand Gracieuse eut donné à Ramuntcho l'eau bénite et qu'ils eurent fait leur signe de croix, elle le conduisit, à travers la nef sonore pavée de dalles funéraires, jusqu'à une étrange image accrochée au mur, dans un recoin d'ombre, sous les tribunes des 10 hommes.

C'était une peinture, empreinte d'un mysticisme ancien, qui représentait la figure de Jésus les yeux fermés, le front sanglant, l'expression lamentable et morte; la tête semblait tranchée, séparée du corps, et 15 posée là sur un linge gris. Au-dessous, se lisaient les longues *Litanies de la Sainte-Face,* qui ont été com- posées, comme chacun sait, pour êtres dites en puni- tion par les blasphémateurs repentants. La veille, Ramuntcho, étant en colère, avait juré très vilaine- 20 ment. C'est pourquoi la nécessité d'une pénitence s'était imposée à l'esprit de Gracieuse.

— Allons, mon Ramuntcho, recommanda-t-elle en s'éloignant, n'omets rien de ce qu'il faut dire.

Elle le quitta donc devant la Sainte-Face, com- 25 mençant de murmurer ses litanies à voix basse, et se rendit auprès de la benoîte,[1] pour l'aider à changer l'eau des pâquerettes blanches, devant l'autel de la Vierge.

Mais quand le langoureux soir fut revenu, et Gracieuse assise dans l'obscurité à rêver sur son banc
de pierre, une jeune forme humaine surgit tout à
coup près d'elle; quelqu'un qui s'était approché en
5 espadrilles, sans faire plus de bruit que les hiboux
soyeux dans l'air, venant du fond du jardin sans
doute, après quelque escalade, et qui se tenait là, droit
et cambré, la veste jetée sur une épaule: celui vers
qui allaient toutes ses tendresses de cette terre, celui
10 qui incarnait l'ardent rêve de son cœur...

— Ramuntcho! dit-elle... Oh! que j'ai eu peur
de toi!... D'où es-tu sorti à une heure pareille?
Qu'est-ce que tu veux? Pourquoi es-tu venu?

— Pourquoi je suis venu? A mon tour, pour te
15 commander une pénitence, répondit-il en riant.

— Non, dis vrai, qu'est-ce qu'il y a, qu'est-ce que
tu viens faire?

— Mais, te voir seulement! C'est ça que je viens
faire... Qu'est-ce que tu veux! nous ne nous voyons
20 plus jamais!... Ta mère m'éloigne davantage chaque
jour. Je ne peux pas vivre comme ça, moi... Et tu
sais, je pourrai venir tous les soirs, si cela te va, sans
que personne s'en doute...

— Oh! non!... Oh! ne fais pas ça, jamais, je t'en
25 supplie...

Ils causèrent un instant, et si bas, si bas, avec plus
de silences que de paroles, comme s'ils avaient peur
d'éveiller les oiseaux dans les nids. Ils ne reconnais-
saient plus le son de leurs voix, tant elles étaient chan-
30 gées et tant elles tremblaient, comme s'ils avaient com-
mis là quelque crime délicieux.

Il n'avait même pas osé s'asseoir à ses côtés; il

demeurait debout, prêt à fuir sous les branches à la
moindre alerte comme un rôdeur nocturne.

Cependant, quand il voulut partir, ce fut elle qui
demanda, confuse, en hésitant et de façon à être à peine
entendue :   5

— Et...tu reviendras demain, dis ?

Alors, sous sa moustache commençante, il sourit de
voir ce brusque changement d'idée et il répondit :

— Mais[1] oui, bien sûr !... Demain et tous les
soirs !... Tous les soirs où nous n'aurons pas de tra- 10
vail pour l'Espagne...je viendrai...

XI

Il y avait une grande partie de paume arrangée
pour dimanche prochain à Erribiague, un village très
éloigné, du côté des hautes montagnes. Ramuntcho,
Arrochkoa et Florentino y joueraient contre trois cé- 15
lèbres d'Espagne ; ils devaient ce soir s'exercer, se
délier les bras[2] sur la place d'Etchézar, et Gracieuse,
avec quelques autres petites filles de son âge, était
venue s'asseoir sur les bancs de granit, pour les regarder
faire. Jolies, toutes ; des airs élégants, avec leurs cor- 20
sages de couleurs pâles, taillés d'après les plus récentes
fantaisies de la saison. Et elles riaient, ces petites,
elles riaient ! Elles riaient parce qu'elles avaient commencé de rire et sans savoir de quoi. Un rien, un
demi-mot de leur vieille langue basque, dit sans le 25
moindre à-propos par l'une d'elles, et les voilà toutes
pâmées[3]... Ce pays est vraiment un des coins du
monde où le rire des filles éclate le mieux, sonnant

le cristal clair, sonnant la jeunesse et les gorges
fraîches.

Arrochkoa était là depuis longtemps, le gant d'osier
au bras, lançant seul la pelote, que, de temps à autre,
5 des enfants lui ramassaient. Mais Raymond, Florentino, à quoi donc pensaient-ils? Comme ils étaient en
retard!...

Ils arrivèrent enfin, la sueur au front, la démarche
pesante et embarrassée. Et, comme les petites rieuses
10 les interrogeaient, avec ce ton moqueur que les filles,
lorsqu'elles sont en troupe, prennent d'ordinaire pour
interpeller les garçons, ils sourirent, et chacun d'eux
frappa sa propre poitrine qui rendit un son de mé-
tal... Par des sentiers de la Gizune,[1] ils revenaient
15 à pied d'Espagne, bardés et alourdis de monnaie de
cuivre à l'effigie du gentil petit roi Alphonse XIII.[2]
Nouveau truc[3] de contrebandiers: pour le compte
d'Itchoua, ils avaient changé là-bas, à bénéfice, une
grosse somme d'argent contre des pièces de billon,[4]
20 destinées à être ensuite écoulées au pair, pendant les
foires prochaines, dans différents villages des Landes[5]
où les sous espagnols ont communément cours. A
eux deux,[6] ils rapportaient dans leurs poches, dans
leur chemise, contre leur peau, une quarantaine de
25 kilos de cuivre. Ils firent tomber tout cela en pluie,
sur l'antique granit des bancs, aux pieds des petites
très amusées, les chargeant de le leur garder et de le
compter; puis, après s'être essuyé le front, avoir soufflé
un peu, ils commencèrent de jouer et de sauter, se
30 trouvant tout légers à présent et plus lestes que de
coutume, cette surcharge en moins.

A part trois ou quatre enfants de l'école qui couraient

comme de jeunes chats après les pelotes égarées, il n'y avait qu'elles, les petites, assises en groupe perdu tout en bas de ces rangées de gradins déserts, dont les vieilles pierres rougeâtres avaient en ce moment leurs herbes et leurs fleurettes d'avril. Robes d'indienne, 5 clairs corsages blancs ou roses, elles étaient toute la gaîté de ce lieu solennellement triste. A côté de Gracieuse, Pantchika Dargaignaratz, une autre blonde de quinze ans, qui était fiancée à son frère Arrochkoa et allait l'épouser sans tarder, car celui-ci, çomme fils de 10 veuve, ne devait pas de service à l'armée. Et, critiquant les joueurs, alignant sur le granit les rangées de sous empilés, elles riaient, elles chuchotaient, avec leur accent chanté, avec toujours leurs finales en *rra* ou en *rrik*, faisant rouler si alertement les *r* qu'on eût dit à 15 chaque instant des bruits d'ailes de moineau dans leurs bouches.

Eux aussi, les garçons, s'en donnaient de rire,[1] et venaient fréquemment, sous prétexte de repos, s'asseoir parmi elles. Pour jouer, elles les gênaient et 20 les intimidaient trois fois plus que le public des grands jours, — si railleuses, toutes !

Ramuntcho apprit là de sa petite fiancée une chose qu'il n'aurait jamais osé espérer : elle avait obtenu l'autorisation de sa mère pour venir aussi à cette fête 25 d'Erribiague, assister à la partie de paume et visiter ce pays qu'elle ne connaissait pas ; c'était arrangé, qu'elle irait en voiture, avec Pantchika et madame Dargaignaratz ; et on se retrouverait là-bas ; peut-être même serait-il possible de combiner un retour tous 30 ensemble.

Depuis tantôt deux semaines que leurs rendez-vous

du soir étaient commencés, c'était la première fois qu'il
avait l'occasion de lui parler ainsi dans le jour et
devant les autres, — et leur manière s'en trouvait différente, plus cérémonieuse d'apparence, avec, en des-
5 sous, un très suave mystère. Il y avait longtemps
aussi qu'il ne l'avait vue si bien et de si près au grand
jour ; or, elle embellissait encore beaucoup à ce
printemps-là ; elle était jolie, mais[1] jolie !... Elle
continuait de ressembler à son frère, les mêmes traits
10 réguliers, le même ovale parfait ; mais la différence
de leurs yeux allait s'accentuant : tandis que ceux
d'Arrochkoa, d'une nuance bleu-vert qui semblait
fuyante par elle-même, se dérobaient quand on les
regardait, les siens au contraire, prunelles et cils noirs,
15 se dilataient pour vous regarder fixement.

Ils étaient fort distraits, les joueurs, par le groupe
des petites filles, des corsages blancs et des corsages
roses, et ils riaient eux-mêmes de se voir jouer plus
mal que de coutume.

20 Ils jouèrent, au beau crépuscule, jusqu'à l'heure
des premières chauves-souris, jusqu'à l'heure où la
pelote envolée ne se voyait vraiment plus assez dans
l'air. Peut-être sentaient-ils inconsciemment tous que
l'instant était rare et ne se retrouverait plus : alors,
25 autant que possible, ils le prolongeaient...

Et, pour finir, on s'en alla tous ensemble porter à
Itchoua ses sous d'Espagne. En deux parts, on les
avait mis dans deux grosses serviettes rousses qu'un
garçon et une fille tenaient à chaque bout.

XII

Le lendemain vendredi, le départ s'organise pour
ce village où la fête aura lieu le dimanche suivant.
Il est situé très loin, dans une ombreuse région, au
tournant d'une gorge profonde, au pied de très hautes
cimes. Arrochkoa y est né et y a passé les premiers   5
mois de sa vie, au temps où son père habitait là comme
brigadier des douanes françaises; mais il en est parti
trop enfant pour en garder le moindre souvenir.

Dans la petite voiture des Detcharry, Gracieuse,
Pantchika et, un long fouet à la main, madame Dar-   10
gaignaratz, sa mère, qui doit conduire, partent ensemble à l'angélus de midi,[1] pour se rendre directement
là-bas par les routes de montagne.

Ramuntcho, Arrochkoa et Florentino, qui ont à
régler des affaires de contrebande à Saint-Jean-de-   15
Luz, prennent un grand détour pour arriver de nuit
à Erribiague, par le petit chemin de fer qui relie
Bayonne[2] à Burguetta. Aujourd'hui, ils sont insou-
ciants et heureux tous les trois; jamais bonnets basques
n'ont coiffé plus joyeuses figures.   20

La nuit tombe quand ils s'enfoncent, par ce petit
train de Burguetta, dans le tranquille pays intérieur.
Les wagons sont pleins d'une foule très gaie, foule des
soirs de printemps qui s'en revient de quelque fête,
jeunes filles coiffées sur la nuque d'un mouchoir de   25
soie, jeunes garçons en bérets de laine; tout ce monde
chante et rit. Malgré l'obscurité envahissante, on distingue encore les haies toutes blanches d'aubépines, les
bois tout blancs de fleurs d'acacias; dans les compar-

timents[1] ouverts, pénètre une senteur à la fois violente
et suave que la campagne exhale. Et sur toutes ces
floraisons blanches d'avril, de plus en plus effacées
par la nuit, le train qui passe jette, comme un sillage
5 de joie, le refrain d'une vieille chanson navarraise,[2]
indéfiniment recommencée à pleine gorge,[3] par ces
filles et ces garçons, dans le fracas des roues et de la
vapeur...

Erribiague! Aux portières, on crie ce nom qui les
10 fait tressaillir tous trois. La bande chanteuse était
depuis quelque temps descendue, les laissant presque
seuls dans ce train devenu silencieux. Des montagnes
plus hautes sur le parcours avaient rendu la nuit très
épaisse, — et ils dormaient presque.

15 Tout ahuris, ils sautent à terre, au milieu d'une
obscurité où même leurs yeux de contrebandiers ne
distinguent plus rien. C'est à peine si, tout en haut,
brillent quelques étoiles, tant le ciel est encombré par
les cimes surplombantes.

20 — Où est le village? demandent-ils à un homme qui
est là seul pour les recevoir.

— A un quart de lieue, de ce côté, sur la droite.

En effet, ils commencent à distinguer la trainée
grise d'une route, tout de suite perdue au cœur de
25 l'ombre. Et dans le grand silence, dans l'humide
fraicheur de ces vallées pleines de ténèbres, ils se
mettent en marche sans parler, leur gaîté un peu éteinte
par la majesté noire des cimes qui gardent ici la
frontière.

30 Voici enfin un vieux pont courbe, sur un torrent;
puis, le village endormi que n'annonçait aucune
lumière. Et l'auberge, où pourtant brille une lampe,

est là tout près, adossée à la montagne, les pieds dans
l'eau vive et bruissante.

On les conduit à leurs petites chambres, qui ont l'air
propret malgré leur vétusté extrême : bien basses, bien
écrasées par leurs énormes solives, et, sur toutes leurs 5
murailles blanchies à la chaux, des images du Christ,
de la Vierge et des saints.

Et ils se couchent et s'endorment au chant des grillons, au bruit des eaux fraîches qui courent ou qui
tombent.   10

XIII

Maintenant ils ouvrent, au beau matin d'avril, les
volets de leurs étroites fenêtres, percées comme des
sabords dans l'épaisseur de la très vieille muraille.

Et tout à coup, c'est de la lumière à flots, dont leurs
yeux s'éblouissent. Dehors, le printemps resplendit. 15
Jamais encore ils n'avaient vu, surplombant leur tête,
des cimes tellement hautes et proches. Mais le long
des pentes feuillues, le long des montagnes garnies
d'arbres, le soleil descend pour rayonner dans ce fond
de vallée sur les blancheurs du village, sur la chaux 20
des maisonnettes anciennes, aux contrevents verts.

Du reste, ils s'éveillent tous deux avec de la joie
plein le cœur. C'est que ce matin ils ont le projet
d'aller, là-bas dans la campagne, chez des cousins de
madame Dargaignaratz, faire visite aux deux petites 25
qui ont dû arriver[1] hier au soir en voiture, Gracieuse et
Pantchika...

Après un coup d'œil à la place du jeu de paume, où
ils reviendront s'exercer dans l'après-midi, ils se

mettent en route, par des petits sentiers magnifiquement verts.

C'est loin, paraît-il, cette maison des cousins Olha-
garray, et ils s'arrêtent de temps à autre pour demander
5 leur chemin à des bergers, ou bien ils frappent à la
porte des quelques logis solitaires rencontrés çà et là
sous le couvert des branches.

Enfin ils l'aperçoivent la maison, antique et grande,
parmi des châtaigniers séculaires. Alentour, la terre
10 rouge est dénudée et ravinée par les eaux de la montagne; des racines énormes s'y contournent, comme
de monstrueux serpents gris; et le lieu entier, sur-
plombé de tous côtés par les masses pyrénéennes, est
rude et tragique.

15 Mais deux jeunes filles sont là, assises à l'ombre;
des chevelures blondes et d'élégants petits corsages
roses; d'étonnantes petites fées très modernes, au
milieu du décor farouche et vieux... Et elles se
lèvent avec des cris de joie, pour courir au-devant des
20 visiteurs.

Là alors, ils entonnent tout bas une causerie longue,
Arrochkoa avec Pantchika, Ramuntcho avec Gracieuse.

Qu'est-ce . qu'ils peuvent bien[1] se dire, pour parler
25 tant et si vite, au bord de ce torrent, dans cet âpre
ravin, sous le lourd soleil de midi?... Mon Dieu,[2]
cela n'a guère de sens; c'est plutôt une sorte de murmure spécial aux amoureux, quelque chose comme ce
chant particulier que les hirondelles font en sourdine,[3]
30 à la saison des nids. C'est enfantin, tissu d'incohé-
rences et de redites. Non, cela n'a guère de sens, — à
moins que ce ne soit ce qu'il y a de plus sublime au

monde, ce qu'il est possible d'exprimer de plus profond et de plus vrai avec des paroles terrestres...
Cela ne veut rien dire, à moins que ce ne soit l'hymne
éternel et merveilleux pour lequel seul a été créé le
langage des hommes ou des bêtes, et auprès de quoi 5
tout est vide, misérable et vain.

XIV

Le lendemain dimanche, ils étaient allés religieuse-
ment, tous ensemble, entendre une des messes du clair[1]
matin, pour pouvoir rentrer à Etchézar le jour même,
aussitôt après la grande partie de paume. Or, c'était 10
ce retour, plus encore que le jeu, qui intéressait Gracieuse et Raymond, car, suivant leur espérance, Pantchika et sa mère resteraient à Erribiague, et eux s'en
iraient, dans la petite voiture des Detcharry, sous la
surveillance indulgente et légère d'Arrochkoa : cinq ou 15
six heures de voyage, tous trois seuls, par les routes
de printemps, sous les verdures nouvelles, avec des
haltes amusantes dans des villages inconnus.
    Dès onze heures du matin, ce beau dimanche, les
abords de la place s'encombrèrent de montagnards, 20
descendus de tous les sommets, accourus de tous les
sauvages hameaux d'alentour. C'était une partie in-
ternationale, trois joueurs de France contre trois
d'Espagne, et, dans l'assistance, les Basques espagnols
dominaient ; on y voyait même quelques larges som- 25
breros, des vestes et des guêtres du vieux temps.
    Les juges des deux nations, désignés par le sort,
se saluèrent avec une courtoisie surannée, et la partie

s'engagea, dans un grand silence d'attente, sous un accablant soleil qui gênait les joueurs malgré leurs bérets rabattus en visière sur leurs yeux.

Ramuntcho bientôt, et après lui Arrochkoa, furent
5 acclamés comme des triomphateurs. Et on regardait ces deux petites étrangères, si attentives, au premier rang, si jolies aussi avec leurs élégants corsages roses, et on se disait : « Ce sont leurs promises,[1] aux deux beaux joueurs.» Alors Gracieuse, qui entendait tout,
10 se sentait très fière de son jeune fiancé.

Midi. Ils jouaient depuis bientôt une heure. Et le soleil tombait d'aplomb sur les lourds bérets des hommes, sur les têtes nues des femmes, chauffant les cerveaux, grandissant les enthousiasmes. La foule
15 passionnée donnait de la voix,[2] et les pelotes bondissaient, quand commença de tinter doucement l'angélus. Alors un vieil homme, tout couturé, tout basané, qui attendait ce signal, emboucha son clairon, — son ancien clairon des zouaves d'Afrique, — et sonna « aux
20 champs.»[3] Et on vit se lever toutes les femmes qui s'étaient assises ; tous les bérets tombèrent, découvrant des chevelures noires, blondes ou blanches, et le peuple entier fit le signe de la croix, tandis que les joueurs, aux poitrines et aux fronts ruisselants, s'étaient im-
25 mobilisés au plus ardent de la partie,[4] et demeuraient recueillis, la tête inclinée vers la terre...

Au coup de deux heures, le jeu ayant fini glorieusement pour les Français, Arrochkoa et Ramuntcho montèrent dans leur petite voiture, reconduits et acclamés
30 par tous les jeunes d'Erribiague ; puis Gracieuse prit place entre eux deux, et ils partirent pour leur longue route charmante, les poches garnies de l'or qu'ils

venaient de gagner, ivres de joie, de bruit et de soleil.

Ils partirent et tout de suite retrouvèrent le silence, dans les vallées ombreuses aux parois garnies de digitales et de fougères... 5

Rouler pendant des heures sur les petites routes pyrénéennes, changer de place presque tous les jours, parcourir le pays basque en tous sens, aller d'un village à un autre, appelé ici par une fête, là par une aventure de frontière, c'était maintenant la vie de Ramuntcho, 10 la vie errante que le jeu de paume lui faisait pendant ses journées, et la contrebande, pendant ses nuits.

Des montées, des descentes, au milieu d'un monotone déploiement de verdure. Des bois de chênes et de hêtres, presque inviolés[1] et demeurés tels que jadis, aux 15 siècles tranquilles...

Quand venait à passer[2] quelque logis antique, égaré dans ces solitudes d'arbres, ils ralentissaient pour s'amuser à lire, au-dessus de la porte, la traditionnelle légende, inscrite dans le granit: « *Ave Maria!* En l'an 20 1600, ou en l'an 1500, un tel, de tel village, a bâti cette maison, pour y vivre avec une telle, son épouse.»

Très loin de toute habitation humaine, dans un recoin de ravin où il faisait plus chaud qu'ailleurs, à l'abri de tous les souffles, ils rencontrèrent un marchand de 25 saintes images qui s'essuyait le front. Il avait posé à terre son panier, tout plein de ces peinturlures aux cadres dorés qui représentent des saints et des saintes, avec des légendes euskariennes, et dont les Basques aiment encore garnir leurs vieilles chambres aux murs 30 blancs. Et il était là, épuisé de fatigue et de chaleur, comme échoué dans les fougères, à un tournant de ces petites routes de montagne qui s'en vont solitaires sous des chênes.

Gracieuse voulut descendre et lui acheter une Sainte Vierge.

5 — C'est, dit-elle à Raymond, pour, plus tard, la mettre *chez nous*, en souvenir...

Et l'image, éclatante dans son cadre d'or, s'en alla avec eux sous les longues voûtes vertes...

Ils firent un détour, car ils voulaient passer par 10 certaine vallée des Cerisiers, non pas dans l'espoir d'y trouver déjà des cerises, en avril, mais pour montrer à Gracieuse ce lieu, qui est renommé dans tout le pays basque.

Il était près de cinq heures, le soleil déjà bas, quand 15 ils arrivèrent là. Une région ombreuse et calme, où le crépuscule printanier allait descendre en caresse sur la magnificence des feuillées d'avril. L'air y était frais et suave, embaumé de senteurs de foins, de senteurs d'acacias. Des montagnes — très hautes surtout vers 20 le nord pour y faire le climat plus doux — l'entouraient de toutes parts, y jetant le mélancolique mystère des édens fermés.

Et, quand les cerisiers apparurent, ce fut une gaie surprise: ils étaient déjà rouges, au 20 avril!

25 Personne, dans ces chemins, au-dessus desquels ces grands cerisiers étendaient, comme un toit, leurs branches toutes perlées de corail.

Çà et là seulement, quelques maisons d'été encore inhabitées, quelques jardins à l'abandon, envahis par 30 les hautes herbes et les buissons de roses.

Alors, ils mirent leur cheval au pas; puis, chacun à son tour, se débarrassant des rênes et se tenant debout

dans la voiture, ils s'amusèrent à manger des cerises
à même les arbres,[1] en passant et sans s'arrêter. Après,
ils en piquèrent des bouquets à leur boutonnière, ils
en cueillirent des branches pour les attacher à la tête
du cheval, aux harnais, à la lanterne : on eût dit un 5
petit équipage paré pour quelque fête de jeunesse et
de joie...

— A présent, dépêchons-nous! pria Gracieuse.
Pourvu qu'il fasse assez clair, au moins, quand nous
arriverons à Etchézar, pour que le monde nous voie 10
passer, décorés comme nous sommes!

XV

MAI! l'herbe monte, monte de partout comme un
tapis somptueux, comme du velours à longue soie,
spontanément émané de la terre.

Pour arroser cette région des Basques, qui tout l'été 15
demeure humide et verte comme une sorte de Bretagne
plus chaude, les vapeurs errantes sur la mer de Biscaye s'assemblent toutes dans ce fond de golfe, s'arrêtent aux cimes pyrénéennes et se fondent en pluies.
De longues averses tombent, qui sont décevantes un 20
peu, mais après lesquelles la terre sent les fleurs et le
foin nouveau.

Durant ce mois de mai,[2] avec le petit groupe des
nonnes noires, Gracieuse, à toute heure, se rendait à
l'église. Hâtant le pas sous les fréquentes ondées, elles 25
traversaient ensemble le cimetière plein de roses ; ensemble, toujours ensemble, la petite fiancée clandestine,
aux robes claires, et les filles embéguinées, aux longs

voiles de .deuil; pendant la journée, elles apportaient des bouquets de fleurs blanches, des pâquerettes, des gerbes de grands lys; le soir, c'était pour venir chanter, dans la nef encore plus sonore que le jour, les can-
5 tiques doucement joyeux de la Vierge Marie:

— Salut, reine des Anges! Étoile de la mer, sa-lut!...

Et sitôt que Gracieuse entrait là, le soir, au bruit mourant des cloches, — quittant le pâle demi-jour du
10 cimetière plein de roses pour la nuit étoilée de cierges, qui déjà régnait dans l'église, quittant l'odeur des foins et des roses pour celle de l'encens et des grands lys coupés, passant de l'air tiède et vivant du dehors à ce froid lourd et sépulcral que les siècles amassent
15 dans les vieux sanctuaires, — un calme particulier tout de suite se faisait dans son âme, un renoncement à toutes ses terrestres joies. Puis, quand elle s'était agenouillée, quand les premiers cantiques avaient pris leur vol sous la voûte aux sonorités infinies, cela
20 devenait peu à peu une extase, un état plein de rêves, un état visionnaire que traversaient de confuses appa-ritions blanches : des blancheurs, des blancheurs par-tout; des lys, des myriades de gerbes de lys, et de blanches ailes, des tremblements d'ailes d'anges...
25 Mais, quand elle se retrouvait dehors, quand la nuit de printemps la réenveloppait de tiédeurs et de souffles de vie, le souvenir du rendez-vous qu'elle avait promis hier, hier ainsi que tous les jours, chassait comme un vent d'orage les visions de l'église.
30 Et, l'heure venue, malgré toutes ses résolutions elle était là anxieuse et ardente, aux aguets du moindre bruit de pas, le cœur battant si une branche du jardin

remuait dans la nuit, — torturée par le moindre retard
du bien aimé.

Il arrivait, lui, toujours de son même pas silencieux
de rôdeur nocturne, la veste sur l'épaule, avec autant
de précautions et de ruses que pour les plus dange- 5
reuses contrebandes.

Par les nuits pluvieuses, si fréquentes durant ces
printemps basques, elle restait dans sa chambre de rez-
de-chaussée, et lui s'asseyait sur le rebord de la fenêtre
ouverte. 10

Quand il faisait beau, elle escaladait cette fenêtre
basse pour l'attendre dehors, et c'était sur le banc du
jardin que se passaient leurs longs tête-à-tête presque
sans paroles. Entre eux deux, ce n'étaient même plus
ces continuels chuchotements en sourdine[1] dont les 15
amoureux sont coutumiers; non, c'étaient plutôt des
silences. D'abord ils n'osaient pas causer, de peur
d'être découverts, car les moindres murmures de voix,
la nuit, s'entendent. Et puis, tant que rien de nouveau
ne menaçait leur vie ainsi arrangée, quel besoin avaient- 20
ils de se parler?

La possibilité d'être surpris les tenait souvent l'oreille
au guet,[2] dans une inquiétude qui rendait plus délicieux ensuite les moments où ils s'abandonnaient davantage, la confiance reprise... Personne du reste ne 25
les épouvantait comme Arrochkoa, très fin rôdeur
nocturne lui-même, et toujours si au courant des allées
et venues de Ramuntcho... Malgré son indulgence
à leurs projets, que ferait-il, celui-là, s'il venait à tout
découvrir?... 30

Après les audaces enivrées des premières fois, la
frayeur les prenait davantage, et, quand l'un d'eux

avait quelque chose de particulier à dire, il entraînait
d'abord l'autre par la main sans parler; cela signifiait
qu'il fallait marcher, doucement, doucement, comme
des chats en maraude, jusqu'à une allée, derrière la
5 maison, où l'on pouvait causer sans crainte.

— Où demeurerons-nous, Gracieuse? demandait
Raymond, un soir.

— Mais...chez toi, j'avais pensé.

— Ah! oui, moi aussi, j'avais pensé de même...
10 Seulement je craignais que tu ne trouves bien triste
d'être si loin de la paroisse[1] et de la place[2]....

— Oh!... avec toi, trouver quelque chose triste?...

C'était pour lui une joie de plus, que de savoir sa
maison acceptée par Gracieuse, d'être sûr qu'elle vien-
15 drait apporter le rayonnement de sa présence dans ce
vieux logis aimé, et qu'ils feraient là leur nid pour
la vie...

XVI

Voici venir les longs crépuscules pâles de juin, un
peu voilés comme ceux de mai, moins incertains ce-
20 pendant et plus tièdes encore. Dans les jardins, les
lauriers-roses de pleine terre, qui commencent de fleurir à profusion, deviennent des gerbes magnifiquement
rosées. A la fin de chaque journée de labeur, les
bonnes gens s'asseyent dehors devant les portes, pour
25 regarder la nuit tomber.

Pour Ramuntcho, c'est l'époque où la contrebande
devient un métier presque sans peine, avec des heures
charmantes: marcher vers les sommets, à travers les
nuages printaniers; franchir des ravins, errer dans des

régions de sources et de figuiers sauvages; dormir,
pour attendre l'heure convenue avec les carabiniers
complices, sur des tapis de menthes et d'œillets...
La bonne senteur des plantes imprégnait ses habits, sa
veste jamais mise[1] qui ne lui servait que d'oreiller ou 5
de couverture; — et Gracieuse quelquefois lui disait le
soir: « Je sais la contrebande que vous avez faite la
nuit dernière, car tu sens les menthes de la montagne
au-dessus de Mendiazpi,» — ou bien: « Tu sens les
absinthes du marais de Subernoa.»   10

Elle, Gracieuse, regrettait le mois de Marie,[2] les
offices de la Vierge dans la nef parée de fleurs
blanches. Par les crépuscules sans pluie, avec les sœurs
et quelques «grandes»[3] de leur classe, on allait s'asseoir
sous le porche de l'église, contre le mur bas du cime- 15
tière d'où la vue plonge dans les vallées d'en dessous.
Là, c'étaient des causeries, ou bien de ces jeux très en-
fantins, auxquels les nonnes se prêtent toujours si
volontiers.

C'étaient aussi des méditations longues et étranges, 20
quand on ne jouait pas et qu'on ne causait plus, des
méditations auxquelles le déclin du jour, le voisinage
de l'église, des tombes et de leurs fleurs, donnait bientôt une sérénité détachée des choses. Dans ses premiers rêves mystiques de petite fille, — inspirés surtout 25
par les rites pompeux du culte, par la voix des orgues,
les bouquets blancs, les mille flammes des cierges, —
c'étaient des images seulement qui lui apparaissaient,
— il est vrai, de très rayonnantes images: autels qui
posaient sur des nuées, tabernacles d'or où vibraient 30
des musiques, et où venaient s'abattre de grands vols
d'anges. Mais ces visions-là maintenant faisaient place

à des idées : elle entrevoyait cette paix et ce suprême
renoncement que donne la certitude d'une vie céleste
ne devant jamais finir ; elle concevait d'une façon plus
haute que jadis la mélancolique joie d'abandonner tout
5 pour n'être qu'une partie impersonnelle de cet ensemble de nonnes blanches, ou bleues, ou noires, qui,
des innombrables couvents de la terre, font monter
vers le ciel une immense et perpétuelle intercession
pour les péchés du monde...

10   Cependant, dès que la nuit était tombée tout à fait,
le cours de ses pensées redescendait chaque soir fatale-
ment vers les choses enivrantes et mortelles. L'attente,
la fiévreuse attente commençait, de minute en minute
plus impatiente. Il lui tardait que[1] ses froides com-
15 pagnes au voile noir fussent rentrées dans le sépulcre
de leur couvent, et d'être seule dans sa chambre, libre
enfin dans la maison endormie, prête à ouvrir sa
fenêtre pour guetter le bruit léger des pas de Raymond.

20   Ramuntcho, ce soir-là, était venu au rendez-vous plus
tôt que de coutume, — avec plus d'hésitation aussi dans
sa marche et son escalade, car l'on risque, par ces soirs
de juin, de trouver des garçons, derrière les haies, en
maraude d'amour.

25   Et, par hasard, elle était déjà seule en bas, regardant
au dehors, sans cependant l'attendre.

Tout de suite, elle remarqua son allure agitée, ou
joyeuse, et devina du nouveau. N'osant pas s'appro-
cher trop, il lui fit signe qu'il fallait vite venir, en-
30 jamber la fenêtre, gagner l'allée obscure où l'on causait sans crainte. Puis, dès qu'elle fut près de lui, à

l'ombre nocturne des arbres, il lui annonça brusquement cette grande nouvelle qui, depuis le matin, boule-
versait sa jeune tête et celle de Franchita sa mère.

— L'oncle Ignacio a écrit!

— Vrai? l'oncle Ignacio!... 5

C'est qu'elle savait, elle aussi, que cet oncle aventurier, cet oncle d'Amérique, disparu depuis tant d'années,
n'avait jusqu'ici songé à envoyer qu'un étrange bonjour, par un matelot de passage.

— Oui!... Et il dit qu'il a du bien là-bas, dont il 10
faut s'occuper, de grandes prairies, des troupes de
chevaux; qu'il n'a pas d'enfants, que, si je voulais
aller m'établir près de lui, avec une gentille Basquaise
épousée au pays, il serait content de nous adopter tous
deux... Oh! je crois que ma mère viendrait aussi... 15
Donc, si tu voulais... ce serait dès maintenant que nous
pourrions nous marier... Tu sais, on en marie d'aussi
jeunes. A présent que je serais adopté par l'oncle et
que j'aurais une vraie position, elle consentirait, ta
mère, je pense... Et ma foi, tant pis pour le service 20
militaire, n'est-ce pas, dis?...

Ils s'assirent, sur des pierres moussues qui étaient là,
leurs têtes tournant un peu,[1] aussi troublés l'un que
l'autre par l'approche et la tentation imprévue du
bonheur. Ainsi, ce ne serait plus dans un incertain 25
avenir, après son temps de soldat,[2] ce serait presque tout
de suite; ce serait dans deux mois, dans un mois peut-
être, qu'ils se marieraient.

— Tu ne me réponds pas, Gracieuse, tu ne me dis
rien?... 30

Il voyait bien qu'elle était contente, elle aussi, comme
lui, et pourtant il devinait, à sa façon de rester si long-

temps muette, que des ombres devaient s'amasser sur
son rêve charmeur et beau.

— Mais, demanda-t-elle enfin, tes papiers de natura-
lisation, tu les as déjà reçus, n'est-ce pas?...

5 — Oui, c'est arrivé depuis la semaine dernière, tu
sais bien... Et c'est toi, d'ailleurs, qui m'avais com-
mandé de les faire, ces démarches-là[1]...

— Et alors, tu es Français aujourd'hui... Et alors,
si tu manques à ton service militaire, tu es déserteur!

10 — Dame!... Dame oui!... Déserteur, non; mais
insoumis, je crois, ça s'appelle...et ça ne vaut pas
mieux, du reste, puisqu'on ne peut plus revenir...
Moi qui n'y pensais pas!...

Comme elle était torturée à présent d'en être cause,
15 de l'avoir elle-même poussé à cet acte-là, qui faisait
planer une menace si noire sur la joie à peine entrevue!
Oh! mon Dieu, déserteur, lui, son Ramuntcho! C'est
à dire banni à jamais du cher pays basque!... Et
ce départ pour les Amériques, devenu tout à coup
20 effroyablement grave, solennel, comme une sorte de
mort, puisqu'il serait sans retour possible!... Alors,
que faire?...

Voici donc qu'ils restaient anxieux et muets, chacun
d'eux préférant se soumettre à la volonté de l'autre,
25 et attendant, avec un égal effroi, la décision qui serait
prise, pour partir ou pour rester. Du fond de leurs
deux jeunes cœurs montait peu à peu une même et
pareille détresse, empoisonnant le bonheur offert là-bas,
dans ces Amériques d'où l'on ne reviendrait plus...

30 Le couvre-feu cependant commença de sonner à
l'église. Or, le timbre de cette cloche, la nuit surtout,
représentait pour eux quelque chose d'unique sur la

terre; en ce moment, c'était même comme une voix qui
serait venue apporter, dans leur indécision, son avis,
son conseil décisif et tendre. Muets toujours, ils l'écou-
taient avec une émotion croissante. Elle disait, la voix
conseillère, la chère voix protectrice: « Non, ne vous en 5
allez pas pour toujours; les lointains pays sont faits
pour le temps de la jeunesse; mais il faut pouvoir revenir à Etchézar: c'est ici qu'il faut vieillir et mourir;
nulle part au monde vous ne dormiriez comme dans ce
cimetière autour de l'église, où l'on peut, même couché 10
sous la terre, m'entendre sonner encore...» Ils cé-
daient de plus en plus à la voix de la cloche, les deux
enfants dont l'âme était religieuse et primitive. Et
Raymond sentit bientôt couler sur sa joue une larme
de Gracieuse: 15

— Non, dit-il enfin, déserter, non; je crois, vois-tu,
que je n'en aurais pas le courage...

— Je pensais la même chose que toi, mon Ramuntcho, dit-elle. Non, ne faisons pas cela... Mais j'at-
tendais, pour te le laisser dire... 20

Alors, il s'aperçut qu'il pleurait lui aussi, comme
elle...

Donc, le sort en était jeté,[1] ils laisseraient passer le
bonheur, qui était là, à leur portée, presque sous leur
main; ils remettraient tout à un avenir incertain et si 25
reculé!...

Et à présent, dans la tristesse, dans le recueillement
de leur grande décision prise, ils se communiquaient ce
qui leur semblait de mieux à faire:

— On pourrait, disait-elle, lui répondre une jolie 30
lettre, à ton oncle Ignacio; lui écrire que tu acceptes,
que tu viendras avec beaucoup de plaisir aussitôt après

ton service militaire; ajouter même, si tu veux, que celle avec qui tu es fiancé le remercie comme toi et se tiendra prête à te suivre; mais que, déserter, tu ne le peux pas.

5 — Et, à ta mère, si tu lui en parlais dès maintenant, toi, Gatchutcha, pour voir un peu ce qu'elle en penserait?... Car enfin, voici que ce n'est plus comme autrefois, tu comprends bien, je ne suis plus un abandonné comme j'étais...

10 ...Des pas légers derrière eux, dans le chemin... Et au-dessus du mur, la silhouette apparue d'un jeune homme, qui s'était approché sur la pointe de ses espadrilles, comme pour les épier!...

— Va-t'en, sauve-toi, mon Ramuntcho, à demain 15 soir!...

En une demi-seconde, plus personne: lui, tapi dans une broussaille, elle, envolée vers sa chambre.

Fini, leur entretien grave! Fini jusqu'à quand? Jusqu'à demain ou jusqu'à toujours?... Sur leurs 20 adieux, brusques ou prolongés, épouvantés ou paisibles, chaque fois, chaque nuit, pesait la même incertitude de se revoir...

XVII

— Eh bien, Gatchutcha, tu lui en as enfin parlé, à ta maman, de l'oncle Ignacio? demandait Raymond, 25 très tard, le lendemain soir, dans l'allée du jardin, sous des rayons de lune.

— Pas encore, non, je n'ai pas osé... C'est que, vois-tu, comment lui expliquer que je sais toutes ces choses, moi, puisque je suis censée ne plus causer avec

toi jamais, et qu'elle m'en a fait défense?... Songe
un peu, si j'allais lui donner soupçon!... Après, ce
serait fini, nous ne pourrions plus nous voir! J'aimerais mieux remettre à plus tard, à quand tu auras
quitté le pays, car alors tout me sera égal...   5.

— C'est vrai!... Attendons, puisque je vais partir.

En effet, il allait partir et déjà leurs soirs étaient
comptés.

Maintenant qu'ils avaient définitivement laissé échap-
per ce bonheur immédiat, offert là-bas dans les prairies 10
d'Amérique, il leur semblait préférable de hâter le départ de Raymond pour l'armée, afin qu'il fût de retour
plus vite aussi. Donc, ils avaient décidé qu'il deman-
derait à « devancer l'appel.»[1] Et, comme il leur fallait,
pour être plus certains de ne pas manquer de courage, 15
une époque précise, envisagée longtemps à l'avance, ils
avaient fixé la fin de septembre, après la grande série
des jeux de paume.

Cette séparation de trois années, ils la contemplaient
d'ailleurs avec une confiance absolue dans l'avenir, tant 20
ils se croyaient sûrs l'un de l'autre, et d'eux-mêmes, et
de leur impérissable amour. Mais c'était cependant une
attente qui déjà leur serrait le cœur étrangement; cela
jetait une mélancolie imprévue sur les choses même
les plus indifférentes d'ordinaire, sur la fuite des jour- 25
nées, sur les moindres indices de la saison prochaine,
sur l'éclosion de certaines plantes, sur l'épanouissement
de certaines espèces de fleurs, sur tout ce qui présageait
l'arrivée et la marche si rapide de leur dernier été.

Déjà les feux de la Saint-Jean[2] ont flambé, joyeux 30
et rouges dans une claire nuit bleue, — et la montagne

espagnole, là-bas, semblait ce soir-là brûler comme une
gerbe de paille, tant il y en avait de ces feux de joie,
allumés sur ses flancs. La voici donc commencée, la
saison de lumière, de chaleur et d'orage, vers la fin
5 de laquelle Raymond doit partir.

C'est bientôt la splendeur chaude de juillet méridional. La mer de Biscaye s'est faite très bleue et la côte
Cantabrique[1] a pour un temps revêtu ses fauves couleurs de Maroc ou d'Algérie.

10 Et les sources coulent plus minces et plus rares sous
l'épaisseur des fougères, et, le long des routes, s'en
vont plus lents, sous la conduite des hommes demi-nus,
les chars à bœufs, qu'un essaim de mouches environne.

A cette saison, Ramuntcho, dans le jour, vivait de
15 sa vie agitée de *pelotari*, tout le temps en courses, avec
Arrochkoa, de village en village, pour organiser des
parties de paume et pour les jouer.

XVIII

Cependant Franchita s'étonnait de l'attitude inexpliquée de son fils, qui, semblait-il, ne voyait plus
20 jamais Gracieuse et qui pourtant n'en parlait même pas.
Alors, tandis que s'amassait en elle-même la tristesse
de ce départ si prochain pour le service militaire, elle
observait, avec son mutisme et sa patience de paysanne.

Un soir donc, un des derniers soirs, comme il par-
25 tait, mystérieux et empressé, bien avant l'heure de la
contrebande nocturne, elle se dressa devant lui, le regard dans le sien:

— Où vas-tu, mon fils ?

Et le voyant détourner la tête, rouge et embarrassé, elle acquit la soudaine certitude :

— C'est bon, maintenant je sais... Oh ! je sais !...

Elle était plus émue que lui encore, à la découverte de ce grand secret...

C'était leur dernier soir, car avant-hier, à la mairie de Saint-Jean-de-Luz, il avait, d'une main un peu tremblante, signé son engagement de trois années pour le 2ᵉ d'infanterie de marine, qui tient garnison dans un port militaire du Nord.

C'était leur dernier soir, — et ils s'étaient dit qu'ils le prolongeraient plus que de coutume, — jusqu'à minuit, avait décidé Gracieuse : minuit, qui est dans les villages une heure indue et noire, une heure après laquelle, on ne sait pourquoi, tout semblait à la petite fiancée plus grave et plus coupable.

Moins prudents, par exemple,[1] puisqu'ils n'avaient plus de lendemains à ménager, ils osaient causer, là, sur leur banc d'amoureux, ce que jamais ils n'avaient fait encore. Ils causaient de l'avenir, d'un avenir qui était pour eux si loin, car à leur âge, trois ans paraissent infinis.

Dans trois ans, à son retour, elle aurait vingt ans ; alors, si sa mère persistait à refuser d'une manière absolue, au bout d'une année d'attente elle userait de son droit de fille majeure,[2] c'était entre eux une chose convenue et jurée.

Les moyens de correspondre, pendant la longue absence de Raymond, les préoccupaient beaucoup : entre eux, tout était si compliqué d'entraves et de secrets !...

Arrochkoa, leur seul intermédiaire possible, avait bien
promis son aide; mais il était si changeant, si peu
sûr!... Mon Dieu, s'il allait leur manquer!... Et
puis, accepterait-il de faire passer des lettres cachetées?
5 — Sans quoi il n'y aurait plus aucune joie à s'écrire.
— De nos jours où les communications sont faciles et
constantes, il n'y en a plus guère, de ces séparations
complètes comme serait bientôt la leur; ils allaient se
dire un très solennel adieu, comme s'en disaient les
10 amants de jadis, ceux du temps où existaient encore
des pays sans courriers, des distances qui faisaient
peur. Le bienheureux revoir leur apparaissait comme
situé là-bas, là-bas, dans le recul des durées;[1] cependant, à cause de cette foi qu'ils avaient l'un dans
15 l'autre, ils espéraient cela avec une tranquille assurance, comme les croyants espèrent la vie céleste.

Mais les moindres choses de cette dernière soirée
prenaient dans leur esprit une importance singulière;
à l'approche de cet adieu, tout s'agrandissait et s'exa-
20 gérait pour eux, comme il arrive aux attentes[2] de la
mort. Les bruits légers et les aspects de la nuit leur
semblaient particuliers et, à leur insu, se gravaient
pour toujours dans leur souvenir. Le chant des grillons d'été avait quelque chose de spécial qu'il leur
25 semblait n'avoir jamais entendu. Dans la sonorité
nocturne, les aboiements d'un chien de garde, arrivant
de quelque métairie éloignée, les faisaient frissonner
d'une frayeur triste. Et Ramuntcho devait emporter
en exil, conserver plus tard avec un attachement désolé,
30 certaine tige d'herbe arrachée dans le jardin en
passant et avec laquelle il avait machinalement joué
tout ce soir-là.

Une étape de leur vie finissait avec ce jour ; un temps[1] était révolu, leur enfance avait passé...

De recommandations, ils n'en avaient pas de bien longues à échanger, tant chacun d'eux se croyait sûr de l'autre. Ils avaient moins à se dire que la plupart des fiancés, parce qu'ils connaissaient mutuellement leurs pensées les plus intimes. Donc, après la première heure de causerie, ils restaient la main dans la main et gardaient un silence grave, à mesure que se consumaient les minutes inexorables de la fin.

A minuit, elle voulut qu'il partît, ainsi qu'elle l'avait décidé d'avance dans sa petite tête réfléchie et obstinée. Donc, ils se quittèrent, comme si la séparation était, à cette minute précise, une chose inéluctable et impossible à retarder. Et tandis qu'elle rentrait dans sa chambre, avec tout à coup des sanglots qui vinrent jusqu'à lui, il enjamba le mur et, au sortir de l'obscurité des feuillages, se trouva sur la route déserte, toute blanche de rayons lunaires.

XIX

LE jour du départ. Des adieux à des amis, çà et là ; des souhaits joyeux d'anciens soldats revenus du régiment. Depuis le matin, une sorte de griserie ou de fièvre, et, en avant de lui, tout l'imprévu de la vie.

Arrochkoa, très gentil ce dernier jour, s'était offert avec instances pour le conduire avec sa voiture à Saint-Jean-de-Luz et avait combiné qu'on partirait au déclin du soleil, de façon à arriver là-bas juste au passage du train de nuit.

Donc, le soir étant inexorablement arrivé, Franchita
voulut accompagner son fils sur la place, où cette
voiture des Detcharry l'attendait toute prête, et là son
visage, malgré sa volonté, se contracta de douleur,
5 tandis que lui se raidissait pour conserver cet air
crâne qui sied aux conscrits en partance[1] pour le
régiment :

— Faites-moi une petite place, Arrochkoa, dit-elle
brusquement, je vais monter entre vous deux jusqu'à
10 la chapelle de Saint-Bitchentcho ; je m'en reviendrai
à pied...

Et ils partirent au soleil baissant qui, sur eux comme
sur toutes choses, épandait la magnificence de ses ors
et de ses cuivres rouges.

15 Après un bois de chênes, la chapelle de Saint-
Bitchentcho passa, et la mère voulut rester encore.
D'un tournant à un autre, remettant chaque fois la
grande séparation, elle demandait à le conduire toujours plus loin.

20 — Allons, ma mère, en haut de la côte d'Issaritz
il faudra descendre ! dit-il tendrement. Tu m'entends,
Arrochkoa, tu arrêteras ta voiture où je viens de dire ;
je ne veux pas qu'elle aille plus loin, ma mère...

A cette côte d'Issaritz, le cheval avait de lui-même
25 ralenti son allure. La mère et le fils, les yeux brûlés
de larmes retenues, restaient la main dans la main, et
on allait doucement, doucement, en un silence absolu,
comme si c'était une montée solennelle vers quelque
calvaire.

30 Enfin, tout en haut de la côte, Arrochkoa, qui
semblait muet lui aussi, tira légèrement sur les guides,
avec un simple petit : « Ho !... là !... » discret

comme un signal lugubre qu'on hésite à donner, — et
la voiture fut arrêtée.

Alors, sans rien dire, Raymond sauta sur la route,
fit descendre sa mère, lui donna un grand baiser très
long, puis remonta lestement sur le siège :   5
— Va, Arrochkoa, vite, enlève[1] ton cheval, partons !

Et en deux secondes, à la descente rapide d'après,
il perdit de vue celle dont le visage enfin s'inondait
de larmes.

Au crépuscule donc, elle s'en revenait, Franchita, 10
de conduire son fils, et s'efforçait de reprendre sa
figure habituelle, son air de hautaine indifférence, pour
traverser le village.

Mais, arrivée devant la maison Detcharry, elle vit
Dolorès qui, près de rentrer chez elle, se retournait 15
et se campait[2] sur sa porte pour la regarder passer.
Il fallait bien quelque chose de nouveau, quelque révé-
lation subite, pour qu'elle prît cette attitude de défi
agressif, cette expression de provocante ironie, — et
Franchita alors s'arrêta, elle aussi, tandis que cette 20
phrase presque involontaire jaillissait entre ses dents
serrées :
— Qu'est-ce qu'elle a, pour me regarder comme ça,
cette femme ?...
— Il ne viendra pas ce soir, l'amoureux, hein ! ré- 25
pondit l'ennemie.
— Ah ! tu le savais donc, toi, alors, qu'il venait ici,
voir ta fille ?

En effet, elle le savait depuis le matin : Gracieuse le
lui avait dit, puisqu'il n'y avait plus aucun lendemain 30
à ménager ; elle le lui avait dit de guerre lasse,[3] après

avoir inutilement parlé de l'oncle Ignacio, du nouvel
avenir de Raymond, de tout ce qui pouvait servir leur
cause de fiancés...

— Ah! tu le savais donc, toi, alors, qu'il venait ici
5 voir ta fille?...

Par un ressouvenir d'autrefois, elles reprenaient
d'instinct leur tutoiement de l'école des sœurs,[1] ces
deux femmes qui depuis bientôt vingt ans ne s'étaient
plus adressé une parole. Pourquoi elles se détestaient,
10 en vérité elles l'ignoraient presque; tant de fois, cela
commence ainsi, par des riens, des jalousies, des riva-
lités d'enfance et puis, à la longue, à force de se voir
chaque jour sans se parler, à force de se jeter en
passant de mauvais regards, cela fermente jusqu'à
15 devenir l'implacable haine... Donc, elles étaient là,
l'une devant l'autre, et leurs deux voix chevrotaient
de rancune, d'émotion mauvaise:

— Eh! répliqua l'autre, tu le savais avant moi, je
suppose, toi, l'éhontée, que ton fils venait voir ma fille.
20 Non, ma fille épousant ce pauvre diable sans le sou,
voyez-vous ça!...

— Eh bien, j'ai idée que si,[2] moi! qu'elle l'épousera
quand même!... Essaie donc, tiens,[3] de lui en pro-
poser un de ton choix, pour voir!...

25 Alors, comme qui dédaigne de continuer, elle reprit
son chemin, entendant, par derrière, la voix et l'insulte de l'autre qui la poursuivaient. Elle tremblait
de tous ses membres et chancelait à chaque pas sur
ses jambes près de faiblir.

30 Au logis, maintenant vide, quelle morne tristesse,
quand elle fut rentrée!

La réalité de cette séparation de trois ans lui apparaissait sous un aspect affreusement nouveau, comme si elle y avait à peine été préparée; — de même, au retour du cimetière, on sent pour la première fois, dans son intégrité affreuse, l'absence des chers morts...

DEUXIÈME PARTIE

I

Trois ans ont passé, rapides.

Franchita est seule chez elle, malade et couchée, au déclin d'un jour de novembre. — Et c'est le troisième automne, depuis le départ de son fils.

5 Dans ses mains brûlantes de fièvre, elle tient une lettre de lui, une lettre qui aurait dû n'apporter que de la joie sans nuage, puisqu'elle annonce son retour, mais qui lui cause au contraire des sentiments tourmentés, car le bonheur de le revoir s'empoisonne à 10 présent de tristesses, d'inquiétudes surtout, d'inquiétudes affreuses...

Oh! elle avait eu un pressentiment bien juste du sombre avenir, le soir où, revenant de l'accompagner sur la route du départ, elle était rentrée chez elle si 15 angoissée, après cette sorte de défi jeté à Dolorès en pleine rue.

Des mois d'attente et de calme apparent avaient cependant suivi cette scène, tandis que Raymond, très loin du pays, faisait ses premières armes.[1] Puis, un 20 jour, un riche épouseur s'était présenté pour Gracieuse et celle-ci, au su de tout le village, l'avait obstinément refusé malgré la volonté de Dolorès. Alors, elles étaient subitement parties toutes deux, la mère et la fille, sous prétexte de visite à des parents du Haut-

86

Pays;[1] mais le voyage s'était prolongé; un mystère de
plus en plus singulier avait enveloppé cette absence, —
et tout à coup le bruit s'était répandu que Gracieuse
faisait son noviciat chez les sœurs de Sainte-Marie-
du-Rosaire, dans un couvent de Gascogne[2] où l'ancienne 5
Bonne-Mère d'Etchézar était dame abbesse!...

Dolorès avait reparu seule dans son logis, muette,
l'air mauvais et désolé. Personne n'avait su quelles
pressions s'étaient exercées sur la petite aux cheveux
d'or, ni comment les portes lumineuses de la vie avaient 10
été fermées devant elle, comment elle s'était laissé
murer dans ce tombeau; mais, sitôt les délais stricte-
ment accomplis, sans que son frère même eût pu la
revoir, elle avait prononcé là-bas ses vœux, — pendant
que Raymond, dans une lointaine guerre de colonie, 15
toujours loin des courriers de France, au milieu des
forêts d'une île australe, gagnait ses galons de sergent
et la médaille militaire.[3]

Franchita avait eu presque peur qu'il ne rentrât
jamais au pays, son fils... Mais enfin, voici qu'il 20
allait revenir! Entre ses doigts, amaigris et chauds,
elle tenait la lettre qui disait: « Je pars après-demain
et je serai là samedi soir.» Mais que ferait-il, une fois
de retour, quel parti allait-il prendre pour la suite de
sa vie si tristement changée?... Dans ses lettres, il 25
s'était obstiné à n'en point parler.

Et, maintenant, pour attendre le retour de ce fils,
elle était là, étendue sur son lit, et brûlante d'une
grande fièvre.

II

Il revenait, lui, Raymond, après ses trois années
d'absence, congédié de l'armée dans cette ville du nord
où son régiment tenait garnison. Il revenait le cœur
en désarroi, le cœur en tumulte et en détresse.

5 Son visage de vingt-deux ans avait bruni sous les
ardents soleils; sa moustache, maintenant très longue,
lui donnait un air de noblesse fière. Et, sur le pare-
ment du costume civil qu'il venait d'acheter, s'étalait
le ruban glorieux de sa médaille.

10 A Bordeaux, où il était arrivé après une nuit de
voyage, il avait pris place, avec déjà une émotion, dans
ce train d'Irun[1] qui descend en ligne directe vers le
sud, à travers la monotonie des landes interminables.
Près d'une portière de droite, il s'était installé pour
15 voir plus tôt s'ouvrir le golfe de Biscaye et se dessiner
les hautes terres d'Espagne.

Puis, vers Bayonne, il avait tressailli en apercevant
les premiers bérets basques, aux barrières, les premières maisons basques dans les pins et les chênes-
20 lièges.

Et à Saint-Jean-de-Luz enfin, en mettant pied à
terre, il s'était senti comme un homme ivre...
D'abord, après ces brumes et ces froids déjà commencés dans la France septentrionale, c'était l'impres-
25 sion subite d'un climat plus chaud, la sensation d'entrer
dans une serre. Il y avait fête de soleil, ce jour-là;[2]
le vent de sud, l'exquis vent de sud soufflait, et les
Pyrénées s'enlevaient[3] en teintes magnifiques sur le
grand ciel libre.

Comme il l'avait prévu, la diligence qui dessert chaque jour Etchézar était déjà partie depuis deux heures. Mais sans peine il ferait à pied cette longue route, du reste si familière, et ainsi, il arriverait quand même ce soir, avant la nuit close.

Il alla donc s'acheter des espadrilles, la chaussure de ses courses d'autrefois. Et, de son pas rapide de montagnard, à longues enjambées nerveuses, il s'enfonça tout de suite au cœur du pays silencieux, par des routes qui étaient pour lui remplies de souvenirs.

Voici Etchézar!... Etchézar qui se découvre là-bas tout à coup à un tournant du chemin!...

Oh! la mélancolique apparition de patrie, au soldat qui revient et qui ne retrouvera plus de fiancée!...

Trois ans passés, depuis qu'il s'en était allé d'ici... Or, trois ans, — si c'est, hélas! un rien fugitif plus tard dans la vie, — à son âge, c'est encore un abîme de temps, une période qui change toutes choses. Et, après cet exil si long, combien ce village, qu'il adore cependant, lui réapparaît diminué, petit, muré dans les montagnes, triste et perdu!...

Son pas cependant s'accélère, dans la hâte d'embrasser sa mère; il contourne, sans y entrer, son village, pour gagner sa maison écartée, par un chemin qui domine la place et l'église; en passant vite, il regarde tout avec un trouble inexprimable. De la paix, du silence planent sur cette petite paroisse d'Etchézar, cœur du pays basque français et patrie de tous les *pelotaris* fameux du passé — lesquels sont devenus de lourds grands-pères, ou bien des morts à présent. La place du jeu de paume, tandis qu'il chemine rapidement au-dessus, s'éclaire d'un peu de soleil encore, d'un rayon finissant, très oblique, vers le fond, tout comme le soir de son premier grand succès, il y a quatre années, quand, parmi la joyeuse foule, Gracieuse se tenait là 5 en robe bleue, elle qui est devenue une nonnette noire aujourd'hui... Sur les gradins déserts, sur les marches de granit où l'herbe pousse, trois ou quatre vieillards sont assis, qui jadis étaient les vaillants du lieu et que leurs souvenirs ramènent sans cesse là, pour causer 10 à la fin des journées, pendant que le crépuscule descend des cimes, envahit la terre, semble émaner et tomber des Pyrénées brunes...

Enfin voici sa maison, là, devant ses yeux. Elle est bien telle cependant qu'il pensait la revoir. Ainsi 15 qu'il s'y attendait, il reconnaît le long du mur toutes les persistantes fleurs cultivées par sa mère, les mêmes espèces que les gelées ont détruites là-bas depuis des semaines, dans le nord d'où il vient: les héliotropes, les géraniums, les hauts dahlias et les roses aux 20 branches grimpantes. Et la chère jonchée de feuilles, qui tombe chaque automne des platanes taillés en voûte, est là aussi, et se froisse et s'écrase avec un bruit si familier sous ses pas!...

Dans la salle d'en bas, quand il entre, il y a 25 déjà de l'indécision grise,[1] déjà de la nuit. La haute cheminée, où son regard d'abord s'arrête par un instinctif souvenir de ces flambées des anciens soirs, se dresse pareille avec sa draperie blanche; mais froide, emplie d'ombre, sentant l'absence ou la 30 mort.

Il monte en courant vers la chambre de sa mère. Elle, de son lit ayant bien reconnu le pas du fils,

s'est dressée sur son séant, toute raide, toute blanche
dans le crépuscule:

— Raymond! dit-elle, d'une voix couverte[1] et vieillie.

Elle lui tend les bras, et, dès qu'elle le tient, l'enlace
et le serre: 5

— Raymond!...

Puis, après ce nom prononcé, sans ajouter rien, elle
appuie la tête contre sa joue. Lui, alors, s'aperçoit
que le visage de sa mère est brûlant contre le sien. Et
pour la première fois, il a peur; la notion qu'elle est 10
sans doute très malade se présente à son esprit, la possibilité et la soudaine épouvante qu'elle meure...

— Oh! vous êtes toute seule, ma mère! Mais qui
donc vous soigne? Qui vous veille?

— Me veiller?... répond-elle avec sa brusquerie, 15
ses idées de paysanne subitement revenues. Dépenser
de l'argent pour me garder, eh! pourquoi faire, mon
Dieu?... La benoîte[2] ou bien la vieille Doyamburu
vient dans la journée me donner ce dont j'ai besoin,
les choses que le médecin me commande... Quoi- 20
que...les remèdes, vois-tu!... Enfin![3]... Allume
une lampe, dis, mon Ramuntcho!... Je veux te
voir...et je ne te vois pas!

Et, quand la clarté a jailli, d'une allumette de
contrebande espagnole, elle reprend, sur un ton de 25
câlinerie infiniment douce, comme on parle à un tout
petit enfant qu'on adore:

— Oh! tes moustaches!... Les longues moustaches
qui te sont venues, mon fils!... C'est que je ne
reconnais plus mon Ramuntchito,[4] moi!... Ap- 30
proche-la, ta lampe, mon bien-aimé, approche-la, que
je te regarde bien!...

Lui aussi la voit mieux, à présent, sous la lueur
nouvelle de cette lampe, tandis qu'elle le dévisage et
l'admire avec amour. Et il s'effraie davantage, parce
que les joues de sa mère sont si creuses, ses cheveux
5 presque blanchis; même l'expression de son regard est
changée et comme éteinte; sur sa figure apparaît tout
un sinistre et irrémédiable travail du temps, de la
souffrance et de la mort...

Et, maintenant, deux larmes, rapides et lourdes,
10 coulent des yeux de Franchita, qui s'agrandissent,
redeviennent vivants, rajeunis de révolte désespérée
et de haine:

— Oh! cette femme!... dit-elle tout à coup. Oh!
crois-tu! cette Dolorès!...

15 Et son cri inachevé exprime et résume toute sa
rancune sans merci contre cette ennemie d'enfance,
qui a réussi enfin à briser la vie de son fils.

Un silence entre eux. Lui s'est assis, tête courbée,
auprès de ce lit, tenant la pauvre main fiévreuse que
20 sa mère lui a tendue. Elle, respirant plus vite, semble
un long moment sous l'oppression de quelque chose
qu'elle hésite à exprimer:

— Dis-moi, mon Raymond!... Je voudrais te demander... Et qu'est-ce que tu comptes faire à pré-
25 sent, mon fils? Quels sont tes projets, dis, pour l'avenir?...

— Je ne sais pas, ma mère... On pensera, on va
voir... Tu me demandes ça...là tout de suite... On
a le loisir d'en recauser, n'est-ce pas?... Aux Amé-
30 riques, peut-être?...

— Ah! oui, — reprend-elle lentement, avec tout
l'effroi qui couvait en elle depuis des jours... — Aux

Amériques... Oui, je m'en doutais bien... Oh! c'est
là ce que tu feras, va... Je le savais, je le savais...
Sa phrase s'achève en un gémissement et elle joint
les mains pour essayer d'une prière...

III

RAYMOND, le lendemain matin, errait dans le village 5
et aux abords, sous un soleil qui avait percé les nuages
de la nuit, encore radieux comme le soleil d'hier.
Soigné dans sa toilette, la moustache bien retroussée,
l'allure fière, élégant, grave et beau, il allait au hasard,
pour voir et pour être vu, un peu d'enfantillage se 10
mêlant à son sérieux, un peu de bien-être à sa détresse.
Sa mère lui avait dit au réveil :
— Je suis mieux, je t'assure. C'est dimanche aujour-
d'hui ; va, promène-toi, je t'en supplie...
Et des passants se retournaient pour le regarder, 15
chuchotaient un instant, puis colportaient la nouvelle :
« Le fils de Franchita est revenu au pays ; il a très belle
mine ! »
Les tournants de sentiers, les maisons, les moindres
arbres, tout venait rappeler les heures d'autrefois à 20
Ramuntcho, les heures auxquelles Gracieuse était mêlée.
Et alors, à chaque ressouvenir, à chaque pas, se gra-
vait et se martelait dans son esprit, sous une forme nouvelle, cet arrêt sans recours : « C'est fini, tu es seul
pour jamais, Gracieuse t'a été ravie et on l'a enfer- 25
mée...» Ses déchirements, tous les hasards du chemin
les renouvelaient et les changeaient. Et, au fond de
lui-même, comme une base constante à ses réflexions,

cette autre anxiété demeurait sourdement : sa mère, sa
mère très malade, en danger mortel peut-être !...

Il rencontrait dés gens qui l'arrêtaient, l'air accueillant et bon, qui lui adressaient la parole dans la
5 chère langue basque, de vieux bérets, de vieilles têtes
blanches aimaient reparler jeu de paume à ce beau
joueur de retour au bercail. Et puis tout de suite,
après les premiers mots de bienvenue échangés, les
sourires s'éteignaient, malgré ce clair soleil dans ce ciel
10 bleu, et on se troublait en repensant à Gracieuse voilée[1]
et à la Franchita mourante.

Un violent reflux de sang lui monta au visage quand,
d'un peu loin, il aperçut Dolorès qui rentrait chez elle.
Bien décrépite, celle-là, et l'air bien accablé ! Elle l'avait
15 certes reconnu, elle aussi, car elle détourna vivement
sa tête opiniâtre et dure, couverte d'une mantille de
deuil. Avec une demi-pitié à la voir si défaite, il songea
qu'elle s'était frappée du même coup, et qu'elle serait
seule à présent, pour sa vieillesse et pour sa mort...

20 Çà et là, des gens étaient assis devant leur porte, dans
cette sorte d'atrium de branches qui précède toutes les
maisons de ce pays. Et leurs voûtes de platanes,
taillées à la mode basque, qui l'été sont si impénétrables,
tout ajourées[2] à cette saison, laissaient tomber des
25 faisceaux de lumière sur eux ; le soleil flambait, un peu
destructeur et triste, au-dessus de ces feuilles jaunes
qui se desséchaient...

Et Raymond, dans sa lente promenade d'arrivée, sentait de plus en plus quels liens intimes, d'une très singu-
30 lière persistance, l'attacheraient toujours à cette région
la terre, âpre et enfermée, quand même il y serait
à l'abandon, sans amis, sans épouse et sans mère...

Voici Arrochkoa, dont la moustache de chat s'est al-
longée et dont l'expression féline s'est accentuée, qui
court à lui les mains tendues, avec une effusion qu'il
n'attendait pas, dans un élan peut-être sincère pour cet
ex-sergent qui a si grande allure, qui porte un ruban 5
de médaille et dont les aventures ont fait bruit au pays :

— Ah ! mon Ramuntcho, et depuis quand es-tu arrivé ?... Oh ! si j'avais pu empêcher, va ![1]... Qu'en
penses-tu, de ma vieille endurcie[2] de mère et de toutes
ces bigotes d'église ?... 10

Et il l'entraîne à la cidrerie des contrebandiers, où
tous deux près de la fenêtre ouverte s'attablent comme
autrefois, regardant dehors ; — et ce lieu aussi, ces
vieux bancs, ces tonneaux alignés dans le fond, ces
mêmes images au mur sont pour rappeler[3] à Ramuntcho 15
les temps délicieux d'avant, les temps révolus et finis.

D'abord ils parlent de choses indifférentes en buvant
leur cidre, des voyages de Raymond, de ce qui s'est fait
au pays en son absence, des mariages qui se sont con-
sommés ou rompus. 20

A la fin, Arrochkoa y revient, au sujet brûlant :

— Oh ! si tu avais été au pays, ça ne se serait pas
fait, va !... Et encore maintenant, si elle te revoyait...

Raymond le regarde alors, frissonnant de ce qu'il
croit comprendre : 25

— *Encore maintenant ?*... Que veux-tu dire ?

— Oh ! mon cher, les femmes... Avec elles, est-ce
qu'on sait jamais !... Elle en tenait fortement pour
toi,[4] je t'en réponds, et ç'a été dur... Eh ! de nos
jours il n'y a plus de loi qui la retienne, que diable ! ... 30
Ce que je m'en ficherais,[5] pour mon compte, qu'elle
jette son froc aux orties ![6]...

Ramuntcho détourne la tête, les yeux à terre, sans répondre, frappant le sol du pied. Et, pendant le silence d'ensuite, la chose impie, qu'il avait à peine osé se formuler à lui-même, lui apparaît peu à peu moins chi-
5 mérique, plus réalisable, presque aisée... Non, ce n'est vraiment pas si inadmissible, en somme, de la ravoir. Et, au besoin, sans doute, celui qui est là, Arrochkoa, son propre frère, y prêterait la main. Oh! quelle tentation et quel trouble nouveau dans son âme!...
10 Sèchement, il demande:
— Où est-elle?... Loin d'ici?
— Assez, oui. Là-bas, vers la Navarre,[1] cinq à six heures de voiture. Ils l'ont changée deux fois de couvent depuis qu'ils la tiennent. Elle habite Amezqueta
15 aujourd'hui, au delà des grandes chênaies d'Oyanzabal; on y va par Mendichoco; tu sais, nous avons dû traverser ça, une nuit, ensemble, avec Itchoua, pour nos affaires.

Une voix de basse-taille, derrière eux, vient les in-
20 terrompre, un bonjour basque, creux comme un son de caverne, tandis qu'une main grande et lourde se pose sur l'épaule de Ramuntcho, pour une prise de possession: Itchoua, Itchoua qui finit à l'instant de chanter sa liturgie!... Pas changé, celui-là, par
25 exemple;[2] toujours sa même figure qui n'a pas d'âge, toujours son masque incolore qui tient à la fois du moine et du détrousseur, et ses mêmes yeux renfoncés, cachés, absents. Son âme aussi doit être demeurée pareille, son âme capable de meurtre impassible en
30 même temps que de fétichiste dévotion.

— Ah! fait-il, — d'un ton qui veut-être bonhomme,
— te voilà de retour parmi nous, mon Ramuntcho!·

Alors, on va[1] travailler ensemble, hein? Ça marche
dans ce moment-ci, les affaires avec l'Espagne, tu sais,
et on a besoin de bras à la frontière. Tu redeviens des
nôtres, n'est-ce pas?

— Mon Dieu,[2] peut-être, répond Ramuntcho. Oui, 5
on pourra en reparler et s'entendre...

C'est que, depuis quelques minutes, son départ pour
les Amériques vient de beaucoup reculer dans son
esprit... Non!... demeurer au pays plutôt, reprendre
la vie d'autrefois, réfléchir et obstinément attendre. Du 10
reste, à présent qu'il sait où *elle* est, ce village d'Amezqueta, à cinq ou six heures d'ici, le hante d'une façon
dangereuse, et il caresse toute sorte de projets sacri-
lèges, que, jusqu'à ce jour, il aurait à peine osé conce-
voir.
15

IV

A MIDI, il remonta vers sa maison isolée pour retrouver sa mère.

Le mieux fébrile et un peu artificiel du matin s'était
continué. Gardée par la vieille Doyamburu, elle lui
affirma qu'elle se sentait guérir, et, dans sa crainte de 20
le voir inoccupé et songeur, le fit redescendre vers la
place pour assister à la partie de pelote du dimanche.

La partie de pelote n'était pas encore combinée et
des groupes discutaient violemment, quand il arriva sur
la place. Vite, on l'entoura, on lui fit fête,[3] le désignant 25
par acclamations pour entrer dans le jeu et soutenir
l'honneur de sa commune. Il n'osait pas, lui, n'ayant
plus joué depuis trois années et se méfiant de son bras
déshabitué. A la fin, il céda pourtant et commença de

se dévêtir... Mais, à qui confier sa veste à présent?... L'image lui réapparaissait tout à coup de Gracieuse, assise sur les gradins les plus avancés et tendant les mains pour la recevoir. A qui donc jeter
5 sa veste aujourd'hui? On la confie d'ordinaire à quelqu'un d'ami, un peu comme font les toréadors pour leur manteau de soie dorée... Il la lança au hasard, cette fois, n'importe où, sur le granit des vieux bancs fleuris de tardives scabieuses...
10 La partie s'engagea. Désorienté d'abord, incertain aux premiers coups, il manqua plusieurs fois la petite chose folle et bondissante qu'il s'agissait d'attraper dans l'air.

Puis, il s'y remit avec rage, reprit son aisance d'autre-
15 fois et se retrouva superbement. Ses muscles avaient gagné en force ce que peut-être ils avaient perdu en adresse; de nouveau, il fut acclamé, connut l'enivrement physique de se mouvoir, de sauter, de sentir ses membres jouer comme de souples et violents ressorts,
20 d'entendre autour de soi l'ardente rumeur de la foule...

La partie glorieusement finie, il s'en retourna seul, triste et résolu, — fier d'avoir gagné ainsi, d'avoir su conserver son adresse agile, et comprenant bien que c'était un moyen dans la vie, une source d'argent et
25 une force, d'être resté l'un des premiers joueurs du pays basque.

Sous le ciel noir, toujours ces mêmes teintes outrées par tout, ces mêmes horizons nets et sombres. Et toujours ces mêmes grands souffles du sud, secs et chauds,
30 excitateurs des muscles et de la pensée.

Cependant les nuages étaient descendus, descendus, et bientôt ce temps, ces apparences allaient changer et finir.

Maintenant les premières gouttes d'eau commençaient à tomber dans le chemin, espacées et lourdes sur la jonchée des feuilles.

Comme hier, quand il rentra, au crépuscule, sa mère était seule.

Monté à pas de loup, il la trouva endormie d'un mauvais sommeil, agitée, brûlante.

Errant dans son logis, il essaya, pour que ce fût moins sinistre, d'allumer dans la grande cheminée d'en bas un feu de branches, mais cela s'éteignit en fumant. Dehors, c'étaient des torrents de pluie qui tombaient. Par les fenêtres, comme à travers des suaires gris, le village apparaissait à peine, effacé sous une rafale d'hiver. Le vent et l'averse fouettaient les murs de la maison isolée. Et dans son cœur d'enfant, filtrait peu à peu un froid de solitude et d'abandon; voici qu'il perdait même son énergie, la conscience de son amour, de sa force et de sa jeunesse; il sentait s'évanouir, devant le brumeux soir, tous ses projets de lutte et de résistance. Son avenir entrevu tout à l'heure devenait misérable ou chimérique à ses yeux, son avenir de joueur de pelote, de pauvre amuseur des foules, à la merci d'une maladie ou d'une défaillance... Ses espoirs du jour s'anéantissaient, basés sans doute sur d'instables riens en fuite à présent dans la nuit...

Alors il eut un élan, comme jadis dans son enfance, vers ce refuge très doux qu'était pour lui sa mère; il remonta, sur la pointe du pied, afin de la voir, même endormie, et de rester au moins là, près de son lit, tandis qu'elle sommeillerait.

Et, quand il eut allumé dans la chambre, loin d'elle, une lampe discrète, elle lui parut plus changée qu'hier

par la fièvre; la possibilité se présenta, plus affreuse, à son esprit, de la perdre, d'être seul, de ne plus jamais, jamais sentir sur la joue la caresse de cette tête appuyée... En outre, pour la première fois *elle lui*
5 *parut vieille*, et, au souvenir de tant de déceptions qu'elle avait eues à cause de lui, il sentit surtout une pitié pour elle, une pitié tendre et infinie, devant ses rides qu'il n'avait pas encore vues, devant ses cheveux blancs encore nouveaux[1] à ses tempes. Oh! une pitié
10 désolée et sans aucune espérance, avec la conviction que c'était trop tard à présent pour arranger mieux la vie... Et quelque chose de douloureux, qui était sans résistance possible, commença de secouer sa poitrine, contracta son jeune visage; les objets devin-
15 rent troubles à sa vue, et, dans un besoin irréfléchi d'implorer, de demander grâce, il se laissa tomber à genoux, le front sur ce lit de sa mère, pleurant enfin, pleurant à chaudes larmes...

V

LE lendemain soir, au redoublement de la fièvre,
20 elle semblait déjà beaucoup plus dangereusement atteinte.

Sur son corps robuste, la maladie avait eu prise avec violence, — la maladie reconnue trop tard, et insuffisamment soignée à cause de ses entêtements
25 de paysanne, à cause de son dédain incrédule pour les médecins et les remèdes.

Et peu à peu, chez Ramuntcho, l'affreuse pensée de la perdre s'installait à une place dominante, pendant les heures de veille qu'il passait près de son lit, silencieux et seul.

Cela marchait très vite maintenant, entre les fièvres desséchantes qui lui faisaient des joues rouges, des narines pincées, ou bien les épuisements dans des bains 5 de sueur, le pouls battant à peine.

Et Ramuntcho n'avait plus d'autre pensée que sa mère; l'image de Gracieuse cessait de le visiter pendant ces funèbres jours.

Elle s'en allait, Franchita; elle s'en allait, muette 10 et comme indifférente, ne demandant rien, ne se plaignant jamais...

Une fois cependant, à une veillée, elle l'appela tout à coup d'une pauvre voix d'angoisse, pour jeter les bras autour de lui, l'attirer contre elle, appuyer la tête 15 sur sa joue. Et, en cette minute, Raymond vit passer dans ses yeux la grande Épouvante.[1]

Mais ce fut de courte durée. Elle n'avait d'ailleurs jamais été de celles qui s'amollissent longuement ou du moins qui le laissent paraître. Ses bras dénoués, sa 20 tête retombée, elle referma les yeux, inconsciente maintenant, — ou bien stoïque...

Et Raymond, debout, n'osant plus la toucher, pleura sans bruit de lourdes larmes en détournant la tête, — tandis que, dans le lointain, la cloche 25 de la paroisse commençait de sonner le couvre-feu, chantait la tranquille paix du village, emplissait l'air de vibrations douces, protectrices, conseillères de bon sommeil à ceux qui ont encore des lendemains... 30

Le matin suivant, après s'être confessée, elle trépassa, silencieuse, ayant eu comme une honte de sa souffrance et de son râle, — pendant que la même cloche, là-bas, sonnait lentement son agonie.

Et le soir, Ramuntcho se trouva seul, à côté de cette chose couchée et refroidie que l'on conserve et regarde quelques heures encore, mais qu'il faut se hâter d'enfouir dans la terre...

VI

HUIT jours après.

A la frontière, dans un hameau de montagne. Nuit noire, vers une heure du matin; nuit d'hiver inondée d'une pluie froide et torrentielle. Au pied d'une sinistre maison qui ne jette aucune lueur dehors, Ramuntcho charge ses épaules d'une pesante caisse de contrebande, sous la ruisselante averse, au milieu d'une obscurité de sépulcre. La voix d'Itchoua commande en sourdine,[1] — comme si l'on frôlait de l'archet les dernières cordes d'une basse, — et autour de lui, dans ces ténèbres absolues, on devine d'autres contrebandiers pareillement chargés, prêts à partir pour l'aventure.

C'est maintenant plus que jamais la vie de Ramuntcho, ces courses-là, sa vie de presque toutes les nuits, surtout des nuits nuageuses et sans lune où l'on n'y voit rien, où les Pyrénées sont un immense chaos d'ombre. Amassant le plus d'argent possible pour sa fuite, il est de toutes les contrebandes, aussi bien de celles qui rapportent un salaire convenable que des autres où l'on risque la mort pour cent sous. Et d'ordinaire, Arrochkoa l'accompagne, sans nécessité, lui, par fantaisie plutôt et par jeu.

Ils sont d'ailleurs devenus inséparables, Arrochkoa,
Ramuntcho, — et même ils causent librement de leurs
projets sur Gracieuse, Arrochkoa séduit surtout par
l'attrait d'une belle prouesse, par la joie de soustraire
une nonne à l'Église, de déjouer les plans de sa vieille
mère endurcie, — et Ramuntcho, malgré ses scrupules
chrétiens qui l'arrêtent encore, faisant de ce projet dangereux sa seule espérance, sa seule raison d'agir et
d'être. Depuis un mois bientôt, la tentative est décidée
en principe, et, pendant leurs causeries des veillées de
décembre, sur les routes où ils se promènent, ou bien
dans les recoins des cidreries de village où ils s'attablent
à l'écart, les moyens d'exécution se discutent entre eux,
comme s'il s'agissait d'une simple entreprise de frontière.[1] Il faudra agir très vite, conclut toujours
Arrochkoa, agir dans la surprise d'une première entrevue, qui sera pour Gracieuse une chose terriblement
bouleversante; sans la laisser réfléchir ni se reprendre,
il faudra essayer comme un enlèvement...

— Si tu savais, dit-il, ce que c'est, ce petit couvent
d'Amezqueta où on l'a mise: quatre vieilles bonnes
sœurs avec elle, dans une maison isolée!... J'ai mon
cheval, tu sais, qui marche si vite; une fois la nonne
montée dans ma voiture avec toi, qui l'attrapera, je te
prie?...

Et ce soir, ils ont résolu de mettre dans la confidence
Itchoua lui-même, homme habitué aux manœuvres
louches,[2] précieux dans les coups de main, la nuit,
et qui, pour de l'argent, est capable de tout faire.

Le lieu d'où ils partent cette fois pour la contrebande habituelle se nomme Landachkoa, et il est situé
en France, à dix minutes de l'Espagne. L'auberge,

solitaire et vieille, prend, sitôt que baisse la lumière, des aspects de coupe-gorge. En ce moment même, tandis que les contrebandiers en sortent par une porte détournée, elle est remplie de carabiniers espagnols, 5 qui ont familièrement passé la frontière pour venir se divertir ici, et qui boivent en chantant. Et l'hôtesse, coutumière des manèges[1] et des cachotteries nocturnes, est tout à l'heure venue gaiment dire en basque aux gens d'Itchoua :

10   — Ça va bien ! ils sont tous gris, vous pouvez sortir !

Sortir ! c'est plus aisé à conseiller qu'à faire ! On est trempé dès les premiers pas et les pieds glissent dans la boue gluante, malgré l'aide des bâtons ferrés, sur les pentes raides des sentiers. On ne se voit point 15 les uns les autres ; on ne voit rien, ni les murs du hameau le long desquels on passe, ni les arbres ensuite, ni les roches ; on est comme des aveugles, tâtonnant et trébuchant sous un déluge, avec une musique de pluie aux oreilles, qui vous rend sourd.

20   Et Ramuntcho, qui fait ce trajet pour la première fois, n'a aucune idée des passages de chèvre[2] que l'on va prendre, heurte çà et là son fardeau à des choses noires qui sont des branches de hêtre, ou bien glisse des deux pieds, chancelle, se raidit, se rattrape en 25 piquant au hasard, de sa seule main libre, son bâton ferré dans la terre. Ils ferment la marche, Arrochkoa et Ramuntcho, suivant la bande au flair et à l'ouïe ; — et encore, les autres, qui les précèdent, font-ils, avec leurs espadrilles, à peine autant de bruit que des loups 30 en forêt.

En tout, quinze contrebandiers, échelonnés sur une cinquantaine de mètres, dans le noir épais de la mon-

tagne, sous l'arrosage incessant de l'averse nocturne;
ils portent des caisses pleines de bijouterie, de montres,
de chaînes, de chapelets, ou bien des ballots de soie de
Lyon enveloppés de toile cirée; tout à fait devant,
chargés de marchandises d'un moindre prix, marchent 5
deux hommes qui sont les éclaireurs, ceux qui atti-
reront, s'il y a lieu, les coups de fusil espagnols et qui
alors prendront la fuite, en jetant tout par terre. On
ne se parle qu'à voix basse, bien entendu, malgré ce
tambourinement de l'ondée, qui déjà étouffe les sons... 10
    Celui qui précède Ramuntcho se retourne pour
l'avertir:
    — Voici un torrent en face de nous... — (On l'au-
rait deviné d'ailleurs, ce torrent-là, à son fracas plus
fort que celui de l'averse...) — Il faut le passer! 15
    — Ah!... Et le passer comment? Entrer dans
l'eau?...
    — Non pas, l'eau est profonde. Suis-nous bien. Il
y a un tronc d'arbre par-dessus, jeté en travers!
    En tâtant à l'aveuglette, Ramuntcho trouve en effet 20
ce tronc d'arbre, mouillé, glissant et rond. Le voilà
debout, s'avançant sur ce pont de singe en forêt,[1] toujours avec sa lourde charge, tandis qu'au dessous de
lui l'invisible torrent bouillonne. Et il passe, on ne sait
comment, au milieu de cette intensité de noir et de ces 25
grands bruits d'eau.
    Sur l'autre rive, il faut redoubler de précautions et
de silence. Finis tout à coup, les sentiers de montagne,
les scabreuses descentes, les glissades, sous la nuit plus
oppressante des bois. Ils sont arrivés à une sorte de 30
plaine détrempée où les pieds enfoncent; les espadrilles,
attachées par des liens aux jambes nerveuses, font en-

tendre des petits claquements mouillés, des *floc, floc,*[1]
d'eau battue. Les yeux des contrebandiers, leurs yeux
de chats, de plus en plus dilatés dans l'obscurité, per-
çoivent confusément qu'il y a de l'espace libre alentour,
5 que ce n'est plus l'enfermement et la continuelle retombée[2] des branches. Ils respirent mieux aussi et
marchent d'une allure plus régulière qui les repose...
Mais des aboiements de chiens, là-bas très loin, les
immobilisent tous d'une façon soudaine, comme pétri-
10 fiés sous l'ondée. Un quart d'heure durant, ils attendent, sans parler ni bouger; sur leurs poitrines, la
sueur coule, mêlée à l'eau du ciel qui entre par les cols
des chemises et descend jusqu'aux ceintures.
A force d'écouter, ils entendent bruire leurs propres
15 oreilles, battre leurs propres artères.
Et cette tension des sens est d'ailleurs, dans leur
métier, ce qu'ils aiment tous; elle leur cause une sorte
de joie presque animale; elle est un rappel des plus
primitives impressions humaines dans les forêts ou
20 les jungles des époques originelles...
Cependant ils se sont tus, les chiens de garde, tran-
quillisés ou bien distraits, leur flair attentif occupé
d'autre chose. Le vaste silence est revenu, moins
rassurant toutefois, prêt à se rompre peut-être, parce
25 que là-bas des bêtes veillent. Et, à un commandement
sourd d'Itchoua, les hommes reprennent une marche
ralentie et plus hésitante, dans la grande nuit de la
plaine, un peu ployés tous, un peu abaissés sur leurs
jambes, comme par un instinct de fauve aux aguets.
30 Il paraît que voici devant eux la Nivelle; on ne la
voit pas, puisqu'on ne voit rien, mais on l'entend
courir, et maintenant de longues choses flexibles en-

travent les pas, se froissent au passage des corps humains : les roseaux des bords. C'est la Nivelle qui est la frontière; il va falloir la franchir à gué, sur des séries de roches glissantes, en sautant d'une pierre à l'autre, malgré le fardeau qui alourdit les jarrets.[1] 5

Mais, avant, on fait halte sur la rive pour se recueillir et se reposer un peu. Et d'abord on se compte à voix basse : tout le monde est là. Les caisses ont été déposées dans l'herbe; elles y semblent des taches plus claires, à peu près perceptibles à des yeux habitués, 10 tandis que, sur les ténèbres des fonds, les hommes, debout, dessinent de longues marques droites, plus noires encore que le vide de la plaine. En passant près de Ramuntcho, Itchoua lui a demandé à l'oreille :

— Quand me conteras-tu le coup que tu veux faire, 15 toi, mon petit ?

— Tout à l'heure, à notre retour ! ... Oh ! ne craignez rien, Itchoua, je vous le conterai !

En ce moment où sa poitrine est haletante et ses muscles en action, toutes ses facultés de lutte, doublées 20 et exaspérées par le métier qu'on lui fait faire, il n'hésite pas, Ramuntcho; dans l'exaltation présente de sa force et de sa combativité, il ne connaît plus d'entraves morales ni de scrupules. Cette idée qui est venue à son complice de s'adjoindre le ténébreux 25 Itchoua, n'a plus rien qui l'épouvante. Tant pis ! Il s'abandonnera aux conseils de cet homme de ruse et de violence, même s'il faut aller jusqu'à l'enlèvement et à l'effraction. Il est, cette nuit, l'irrégulier[2] en révolte, à qui l'on a pris la compagne de sa vie, l'adorée, 30 celle qui ne se remplace pas; or, il la veut, au risque de tout...

Cependant l'immobilité de la halte se prolonge, les respirations se calment. Et, tandis que les hommes secouent leurs bérets ruisselants, se passent la main sur le front pour chasser les gouttes de pluie et de
5 sueur qui voilent les yeux, une première sensation de froid leur vient, de froid humide et profond; leurs vêtements mouillés les glacent, leurs pensées s'affaiblissent; peu à peu, après la fatigue de cette fois et celle des veilles précédentes, une sorte de torpeur les
10 engourdit, là, tout de suite, dans l'épaisse obscurité, sous l'incessante ondée d'hiver.

Ils sont, du reste, coutumiers de cela, rompus au froid et à la mouillure, rôdeurs endurcis qui vont dans les lieux et aux heures où les autres hommes ne pa-
15 raissent jamais, inaccessibles aux vagues frayeurs des ténèbres, capables de dormir sans abri n'importe où, au plus noir des nuits pluvieuses, dans les dangereux marécages ou les ravins perdus...

Allons! en route, maintenant, le repos a assez duré.
20 C'est, d'ailleurs, l'instant décisif et grave où l'on va passer la frontière. Tous les muscles se raidissent, lès oreilles se tendent et les yeux se dilatent.

D'abord, les éclaireurs; ensuite, l'un après l'autre, les porteurs de ballots, les porteurs de caisses, chargés
25 chacun de quarante kilos[1] sur les épaules ou sur la tête. En glissant çà et là parmi les cailloux ronds, en trébuchant dans l'eau, tout le monde passe, atterrit sans chute sur l'autre rive. Les voici sur le sol d'Espagne! Reste à franchir, sans coup
30 de feu[2] ni mauvaises rencontres, deux cents mètres environ pour arriver à une ferme isolée qui est le magasin de recel du chef des contreban-

diers espagnols, et, une fois de plus, le tour sera
joué !

Naturellement, elle est sans lumière, obscure et
sinistre, cette ferme-là. Toujours sans bruit et à
tâtons, on y entre à la file; puis, sur les derniers 5
passés, on tire les verrous énormes de la porte. Fini !
Barricadés et sauvés, tous ! Et le trésor de la Reine
Régente[1] est frustré, cette nuit encore, d'un millier de
francs ! ...

Alors, on allume un fagot dans la cheminée, une 10
chandelle sur la table; on se voit, on se reconnaît, en
souriant de la bonne réussite. La sécurité, la trêve de
pluie sur les têtes, la flamme qui danse et réchauffe,
le cidre et l'eau-de-vie qui remplissent les verres, ramènent chez ces hommes la joie bruyante, après le 15
silence obligé. On cause gaiment, et le grand vieux
chef aux cheveux blancs, qui les héberge tous à cette
heure indue, annonce qu'il va doter son village d'une
belle place pour le jeu de pelote, dont les devis sont
faits, et qui lui coûtera dix mille francs. 20

— A présent, conte-moi ton affaire, mon petit, —
insiste Itchoua à l'oreille de Ramuntcho. — Oh ! je me
doute bien du coup que tu médites ! Gracieuse,
hein?... C'est ça, n'est-ce pas?... C'est un coup
difficile, tu m'entends... D'ailleurs, je n'aime pas 25
porter tort à la religion, moi, tu sais... Et puis, j'ai
ma place de chantre, que je risque de perdre à ce
jeu-là... Voyons, combien me donneras-tu d'argent,
si je mène tout à bonne fin, pour contenter ton
envie?... 30

Il avait déjà prévu, Ramuntcho, que ce sombre concours lui coûterait fort cher, Itchoua étant, en effet,

un homme d'Église, dont il faudrait d'abord acheter
la conscience ; et, très troublé, le sang aux joues, il
accorde, après discussion, jusqu'à mille francs. D'ailleurs, s'il amasse de l'argent, ce n'est que dans le
5 but de retrouver Gracieuse, et pourvu qu'il lui reste
de quoi passer aux Amériques avec elle, que lui
importe ! ...

Et, maintenant que son secret est connu d'Itchoua,
maintenant que son cher projet s'élabore dans cette
10 cervelle opiniâtre et rusée, il lui semble que tout vient
de faire un pas décisif vers l'exécution, que tout est
subitement devenu réel et prochain. Alors, au milieu
du délabrement lugubre de ce lieu, parmi ces hommes,
qui sont moins que jamais ses pareils, il s'isole dans un
15 immense espoir d'amour.

On boit une dernière fois ensemble, tous à la ronde,
choquant les verres très fort ; puis, on repart, toujours
dans l'épaisse nuit et sous la pluie incessante, mais cette
fois par la grande route, marchant en bande et chantant.
20 Rien dans les mains, rien dans les poches : on est à
présent des gens quelconques, revenant d'une promenade toute naturelle.

A l'arrière-garde, un peu loin des chanteurs d'en
avant, Itchoua, sur ses longues jambes d'échassier,
25 chemine la main appuyée à l'épaule de Ramuntcho.
Intéressé et ardent au succès, depuis que la somme
est convenue, il lui souffle à l'oreille ses impérieux
avis. Comme Arrochkoa, il veut qu'on agisse avec
une brusquerie atterrante, dans le saisissement d'une
30 première entrevue qui aura lieu le soir, aussi tard
que le permettra la règle de la communauté, à une
heure indécise et crépusculaire, quand le village,

au-dessous du petit couvent mal gardé, commencera de s'endormir.

— Et surtout, mon garçon, dit-il, ne te montre pas avant de tenter le coup. Qu'elle ne t'ait pas vu, tu m'entends bien, qu'elle ne sache seulement pas ton retour au pays!... sans quoi tu perdrais tout l'avantage de la surprise...

Tandis que Ramuntcho écoute et songe en silence, les autres, qui ouvrent la marche, chantent toujours la même vieille chanson pour rythmer leurs pas. Et ainsi l'on rentre à Landachkoa, village de France, passant sur le pont de la Nivelle, à la barbe[1] des carabiniers d'Espagne.

Ils n'ont d'ailleurs aucune illusion, les carabiniers de veille, sur ce que sont venus faire chez eux, à une heure si noire, ces hommes si mouillés...

VII

L'hiver, le vrai hiver s'étendit par degrés sur le pays basque, après ces quelques jours de gelée qui étaient venus anéantir les plantes annuelles, changer l'aspect trompeur des campagnes, préparer le suivant renouveau.

Et Ramuntcho prit tout doucement ses habitudes d'abandonné; dans sa maison, qu'il habitait encore, sans personne pour le servir, il s'arrangeait seul, comme aux colonies ou à la caserne, connaissant les mille petits détails d'entretien que pratiquent les soldats soigneux. Il conservait l'orgueil de sa tenue extérieure, s'habillait proprement et bien, le ruban des

braves[1] à la boutonnière, la manche toujours entourée
d'un large crêpe.

D'abord il était peu assidu aux cidreries de village,
où les hommes s'assemblent par les froides soirées.
5 En ces trois ans des voyages, de lectures, de causeries
avec les uns et les autres, trop d'idées nouvelles
avaient pénétré dans son esprit déjà ouvert; parmi
ses compagnons d'autrefois, il se sentait plus déclassé
qu'avant, plus détaché des mille petites choses dont
10 leur vie était composée.

Peu à peu cependant, à force d'être seul, à force de
passer devant ces salles de buveurs, — sur les vitres
desquelles toujours quelque lampe dessine les ombres
des bérets attablés, — il avait fini par se faire une
15 coutume d'entrer, et de s'asseoir, lui aussi.

C'était la saison où les villages pyrénéens, débar-
rassés des promeneurs[2] que les étés y amènent, en-
fermés par les nuées, les brumes ou les neiges, se
retrouvent davantage tels qu'aux anciens temps. Dans
20 ces cidreries — seuls petits points éclairés, vivants, au
milieu de l'immense obscurité vide des campagnes —
un peu de l'Esprit d'autrefois se ranime encore, aux
veillées d'hiver. En avant des grands tonneaux de
cidre rangés dans les fonds[3] où il fait noir, la lampe,
25 suspendue aux solives, jette sa lumière sur les images
de saints qui décorent les murailles, sur les groupes
de montagnards qui causent et qui fument. Parfois
quelqu'un chante une complainte venue de la nuit des
siècles; un battement de tambourin fait revivre de
30 vieux rythmes oubliés; un raclement de guitare réveille
une tristesse de l'époque des Maures[4]... Ou bien,
l'un devant l'autre, deux hommes, castagnettes en

mains, tout à coup dansent le fandango, en se balançant avec une grâce antique.

Et, de ces innocents petits cabarets, l'on se retire de bonne heure, — surtout par ces mauvaises nuits pluvieuses dont les ténèbres sont si particulièrement propices à la contrebande, chacun ici ayant quelque chose de clandestin à faire là-bas, du côté de l'Espagne.

Dans de tels lieux, en compagnie d'Arrochkoa, Ramuntcho mûrissait et commentait son cher projet sacrilège; ou bien, — durant les belles nuits de lune qui ne permettent de rien tenter à la frontière, — c'était sur les routes, où tous deux, par habitude de noctambules, faisaient longuement les cent pas[1] ensemble.

Et la défense, faite par Itchoua, de revoir Gracieuse avant la grande tentative, exaspérait son impatient rêve.

L'hiver, capricieux comme toujours dans ce pays, suivait sa marche inégale, avec, de temps en temps, des surprises de soleil et de chaleur. C'étaient des pluies de déluge, de grandes bourrasques saines qui montaient de la mer de Biscaye, s'engouffraient dans les vallées, courbant les arbres furieusement. Et puis, des reprises de vent de sud, des souffles chauds comme en été, des brises qui sentaient l'Afrique, sous un ciel à la fois haut et sombre, entre les montagnes d'une intense couleur brune. Et aussi, quelques matins glacés, où l'on voyait, en s'éveillant, les cimes devenues neigeuses et blanches.

L'envie le prenait souvent de tout brusquer[2]... Mais il y avait cette affreuse crainte de ne pas réussir, et de retomber alors sur soi-même, seul à jamais, n'ayant plus d'espoir dans la vie.

D'ailleurs, les prétextes raisonnables pour attendre ne manquaient pas. Il fallait bien en avoir fini avec les hommes d'affaires, avoir réglé la vente de la maison et réalisé, pour la fuite, tout l'argent possible. Il fallait aussi connaître la réponse de l'oncle Ignacio, auquel il avait annoncé son émigration prochaine et chez qui, en arrivant là-bas, il espérait encore trouver un asile.

Ainsi les jours passaient et bientôt allait fermenter le hâtif printemps. Déjà les primevères jaunes et les gentianes bleues, en avance ici de plusieurs semaines, fleurissaient dans les bois et le long des chemins, aux derniers soleils de janvier...

VIII

On est cette fois dans la cidrerie du hameau de Gastelugaïn, près de la frontière, attendant le moment de sortir avec des caisses de bijouterie et d'armes.

Et c'est Itchoua qui parle :

— Si elle hésite, vois-tu... et elle n'hésitera pas, sois-en sûr... mais enfin, si elle hésite, eh bien ! nous l'enlèverons... Laisse-moi mener ça, mon plan est fait. Par exemple, si ça tourne mal... enfin, supposons que je sois dans l'obligation de quitter le pays, moi, après avoir fait ce coup[1] pour ton plaisir ; alors, il faudra bien me donner plus d'argent que ça, tu comprends... Au moins, que je puisse aller chercher mon pain en Espagne...

— En Espagne !... Quoi ? Alors, comment comptez-vous donc vous y prendre, Itchoua ? Vous n'avez pas dans la tête de faire des choses trop graves, au moins?

— Oh! là, n'aie pas peur, mon ami, je n'ai l'envie d'assassiner personne.

— Dame! vous parlez de vous sauver...

— Eh! mon Dieu, j'ai dit ça comme autre chose, tu sais. D'abord, elles ne vont plus, les affaires,[1] depuis quelque temps. Et puis, admettons que ça tourne mal, comme je te disais, et que la police fasse une enquête. Eh bien! j'aimerais mieux partir, c'est sûr... car ces messieurs de la Justice, quand une fois leur nez s'est fourré chez vous,[2] ils vont chercher tout ce qui s'est passé dans les temps, et ça n'en finit plus...

Au fond de ses yeux, expressifs tout à coup, avaient paru le crime et la peur. Et Ramuntcho regardait avec un surcroît d'inquiétude cet homme, que l'on croyait solidement établi dans le pays, avec du bien au soleil,[3] et qui acceptait si facilement l'idée de s'enfuir. Quel bandit était-il donc aussi, pour tant redouter la Justice?... Et quelles pouvaient être ces choses, qui s'étaient passées « dans les temps? »...

IX

L'HIVER est fini.

Des semaines encore ont passé, en préparatifs, en indécisions inquiètes sur la manière d'agir, en changements brusques de plans et d'idées.

Entre temps la réponse de l'oncle Ignacio est parvenue à Etchézar. Si son neveu avait parlé plus tôt, a-t-il écrit, il aurait été content de le recevoir chez lui;

mais, voyant ses hésitations, il s'est décidé à prendre
femme, bien que déjà sur le retour de l'âge,[1] et depuis
deux mois, un enfant lui est né. Alors, plus aucune
protection à attendre de ce côté-là; l'exilé, en arrivant
5 là-bas, ne trouvera même pas de gîte...

. La maison familiale a été vendue; chez le notaire,
les questions d'argent ont été réglées; tout le petit
avoir de Ramuntcho a été réalisé en pièces d'or dans
sa main...

10 Et à présent, c'est aujourd'hui le jour de la tentative suprême, le grand jour, — et déjà les épaisses
feuillées sont revenues aux arbres, le revêtement des
hauts foins couvre à nouveau les prairies; on est en mai.

Dans la petite voiture, que traîne le fameux cheval
15 si rapide, ils roulent par les ombreux chemins de montagnes, Arrochkoa et Ramuntcho, vers ce village
d'Amezqueta. Ils roulent vite; ils s'enfoncent au
cœur d'une infinie région d'arbres. Et, à mesure que
l'heure passe, tout devient plus paisible autour d'eux,
20 et plus sauvage; plus primitifs, les hameaux; plus
solitaire, le pays basque.

Itchoua cependant n'est pas avec eux. A la dernière
minute, une terreur est venue à Raymond de ce complice qu'il sentait capable de tout, même de tuer; dans
25 un subit effarement, il a refusé le concours de cet
homme, qui pourtant se cramponnait à la bride du
cheval pour l'empêcher de partir; et fiévreusement il
lui a jeté de l'or dans les mains, pour payer ses conseils, pour racheter la liberté d'agir seul, l'assurance
30 au moins de ne pas se souiller de quelque crime: pièce
par pièce, pour se dégager, il lui a laissé la moitié du

prix convenu. Puis, le cheval lancé au galop, quand
l'implacable figure s'est évanouie derrière un tournant
d'arbres, il s'est senti la conscience allégée...

— Tu laisseras cette nuit ma voiture à Aranotz, chez
Burugoïty, l'aubergiste, avec qui c'est entendu, dit 5
Arrochkoa. Car, tu comprends, moi, le coup fait,[1] ma
sœur partie, je vous quitte... Nous avons du reste
une affaire avec les gens de Buruzabal, des chevaux
à passer en Espagne ce soir même, non loin d'Amezqueta précisément, à vingt minutes de route à pied, et 10
j'ai promis d'y être avant dix heures...

Qu'est-ce qu'ils feront, comment s'y prendront-ils
exactement? Ils ne le voient pas bien, les deux frères
alliés; cela dépendra de la tournure des choses; ils ont
différents projets, tous hardis et habiles, suivant les cas 15
qui pourraient se présenter.

Deux places sont d'ailleurs retenues, l'une pour Raymond et l'autre pour elle, à bord d'un grand paquebot
d'émigrants sur lequel déjà les bagages sont embarqués
et qui part demain soir de Bordeaux, emportant quel- 20
ques centaines de Basques aux Amériques. A cette
petite station d'Aranotz, où la voiture les déposera tous
deux, ils prendront le train pour Bayonne, à trois
heures du matin, et, à Bayonne ensuite, l'express d'Irun
à Bordeaux. Ce sera une fuite empressée, qui ne 25
laissera pas à la petite fugitive le temps de penser, de
se ressaisir, dans son affolement, dans sa terreur, —
sans doute aussi dans son ivresse délicieusement mor-
telle...

Une robe, une mantille à Gracieuse sont là toutes 30
prêtes, au fond de la voiture, pour remplacer le béguin
et l'uniforme noir: des choses qu'elle portait autrefois,

avant sa prise de voile; et qu'Arrochkoa s'est procu-
rées dans les armoires de sa mère. Et Raymond songe
que ce sera peut-être réel tout à l'heure, qu'elle sera
peut-être là, à ses côtés, sur ce siège étroit, enveloppée
5 avec lui dans la même couverture de voyage, fuyant
au milieu de la nuit, pour lui appartenir ensuite, tout
aussitôt et pour jamais.

— Moi, je te dis qu'elle te suivra, répète son ami,
j'en suis sûr! Si elle hésite, eh bien, laisse-moi faire!
10 Si elle hésite, alors un peu de violence, ils y sont
résolus, oh! très peu, rien que ce qu'il faudra, rien
que dénouer et écarter les mains des vieilles nonnes
tendues pour la retenir... Et puis, on l'emportera
jusqu'à la petite voiture.

15 Comment cela se passera-t-il, tout cela? Ils ne le
savent pas d'une façon précise encore, s'en rapportant
beaucoup à leur esprit de décision et d'à-propos, qui
les a tirés déjà de tant de passes dangereuses.[1] Mais
ce qu'ils savent bien, c'est qu'ils ne faibliront pas. Et
20 ils vont de l'avant[2] toujours, s'excitant l'un par l'autre;
on les dirait solidaires à présent jusqu'à la mort,
fermes et décidés comme deux bandits à l'heure où
il faut jouer la partie capitale...

Amezqueta, au dernier crépuscule. Ils arrêtent leur
25 voiture à un carrefour du village, devant la cidrerie.
Arrochkoa est impatient de monter à la maison des
sœurs, contrarié d'arriver si tard: il craint qu'on ne
leur ouvre plus, une fois la nuit tombée. Ramuntcho,
silencieux, se laisse faire,[3] s'abandonne à lui.

30 C'est là-haut, à mi-côte; c'est cette maison isolée
qu'une croix surmonte et que l'on voit encore se dé-
tacher en blanc sur la masse plus foncée de la mon-

tagne. Ils recommandent que, sitôt le cheval un peu
reposé, on ramène la voiture toute prête, à un tournant
là-bas, pour les attendre. Puis, tous deux s'engagent
dans l'avenue d'arbres qui mène à ce couvent et où
l'épaisseur des feuillages de mai rend l'obscurité presque 5
nocturne. Sans rien se dire, sans faire de bruit avec
leurs semelles de cordes,[1] ils montent, l'allure souple
et facile ; autour d'eux, les campagnes profondes s'im-
prègnent des immenses mélancolies de la nuit.

Arrochkoa frappe du doigt à la porte de la paisible 10
maison :

— Je voudrais voir ma sœur, s'il vous plaît, demande-t-il à une vieille nonne, qui entr'ouvre, éton-
née...

Avant qu'il ait fini de dire, un cri de joie s'envole 15
du corridor obscur, et une religieuse, qu'on devine
toute jeune malgré l'enveloppement de son costume
dissimulateur, se précipite, lui prend les mains. Elle
l'a reconnu, lui, à sa voix, — mais a-t-elle deviné
l'autre qui se tient derrière et qui ne parle pas ?... 20

La supérieure est accourue aussi, et, dans l'obscurité
de l'escalier, les fait monter tous au parloir[2] du petit
couvent campagnard ; puis elle avance les chaises de
paille, et chacun s'assied, Arrochkoa près de sa sœur,
Raymond en face, — et ils sont l'un devant l'autre en- 25
fin, et un silence, plein de soubresauts d'âmes, plein de
fièvres, descend sur eux...

Vraiment, voici que, dans ce lieu, on ne sait quelle
paix presque douce, et un peu tombale[3] aussi, enveloppe dès l'abord l'entrevue terrible ; au fond des poi- 30
trines, les cœurs frappent à grands coups sourds, mais
les paroles d'amour ou de violence, les paroles meurent

avant de passer les lèvres... Et cette paix, de plus
en plus s'établit; il semble qu'un suaire blanc peu à
peu recouvre tout ici, pour calmer et éteindre.

Rien de bien particulier pourtant dans ce parloir si
5 humble: quatre murs absolument nus sous une
couche de chaux; un plafond de bois brut; un plan-
cher où l'on glisse, tant il est ciré soigneusement;
sur une console, une Vierge de plâtre, déjà indis-
tincte, parmi toutes les blancheurs semblables de ces
10 fonds où le crépuscule de mai achève de mourir.
Et une fenêtre sans rideaux, ouverte sur les grands
horizons pyrénéens envahis par la nuit... Mais,
de cette pauvreté voulue, de cette simplicité blanche,
se dégage une notion d'impersonnalité définitive, de
15 renoncement sans retour; et l'irrémédiable des choses
accomplies commence de se manifester à l'esprit de
Ramuntcho, tout en lui apportant une sorte d'a-
paisement quand même, de subite et involontaire résignation.

20 Les deux contrebandiers, immobiles dans leurs
chaises, n'apparaissent plus guère qu'en silhouette, car-
rures larges sur tout ce blanc des murs, et, de leurs
traits perdus, à peine voit-on le noir plus intense des
moustaches et des yeux. Les deux religieuses, aux
25 contours unifiés par le voile, semblent déjà deux
spectres tout noirs...

— Attendez, sœur Marie-Angélique, — dit la supérieure à la jeune fille transformée qui jadis s'appelait
Gracieuse, — attendez, ma sœur, que j'allume une
30 lampe, qu'au moins vous puissiez voir sa figure, à
votre frère!...

Elle sort, les laissant ensemble, et, de nouveau, le

silence tombe sur cet instant rare, peut-être unique, impossible à ressaisir, où ils sont seuls...

Elle revient avec une petite lampe, qui fait briller les yeux des contrebandiers, — et, la voix gaie, l'air bon, demande en regardant Ramuntcho: 5

— Et celui-là?... c'est un second frère, je parie?...

— Oh! non, dit Arrochkoa, d'un ton singulier, c'est mon ami seulement.

En effet, il n'est pas leur frère, ce Ramuntcho qui se tient là, farouche et muet... Et comme il ferait 10 peur aux nonnes tranquilles, si elles savaient quel vent de tourmente l'amène!...

Le même silence retombe, lourd et inquiétant, entre ces êtres qui, semble-t-il, devraient causer simplement de choses simples; et la vieille supérieure le remarque, 15 déjà s'en étonne... Mais les yeux vifs de Ramuntcho s'immobilisent, se voilent comme par la fascination de quelque invisible dompteur. Sous la dure enveloppe, encore un peu haletante, de sa poitrine, le calme, le calme imposé[1] continue de pénétrer et de s'étendre. 20

— Allons, causez, causez, mes enfants, des choses du pays, des choses d'Etchézar, — dit la supérieure à Gracieuse et à son frère. — Et tenez, nous allons vous laisser seuls, si vous voulez, ajoute-t-elle, avec un signe à Ramuntcho comme pour l'emmener. 25

— Oh! non, proteste Arrochkoa, qu'il ne s'en aille pas!... Non, ce n'est pas lui...qui nous empêche...

Et la petite nonne, si embéguinée à la manière du moyen âge, baisse encore plus la tête pour se maintenir les yeux cachés dans l'ombre de la coiffe austère. 30

La porte reste ouverte, la fenêtre reste ouverte; la maison, les choses gardent leur air d'absolue confiance,

d'absolue sécurité, contre les violations et les sacri-
lèges. Maintenant deux autres sœurs, qui sont très
vieilles, dressent une petite table, mettent deux cou-
verts, apportent pour Arrochkoa et son ami un petit
5 souper, un pain, un fromage, des gâteaux, des raisins
hâtifs[1] de leur treille. En arrangeant ces choses, elles
ont une gaîté jeunette, un babil presque enfantin — et
tout cela détonne[2] bien étrangement à côté de ces vio-
lences ardentes qui sont ici même, mais qui se taisent,
10 et qui se sentent refoulées, refoulées de plus en plus au
fond des âmes.

Et, malgré eux, les voici attablés, les deux contrebandiers, l'un devant l'autre, cédant aux instances et
mangeant distraitement les choses frugales, sur une
15 nappe aussi blanche que les murs. Leurs larges
épaules, habituées aux fardeaux, s'appuient aux dos-
siers des petites chaises et en font craquer les boiseries
frêles. Autour d'eux, vont et viennent les sœurs, toujours avec ces bavardages discrets et ces rires puérils,
20 qui s'échappent, un peu étouffés, de dessous les béguins.
Seule, elle demeure muette et sans mouvement, la
sœur Marie-Angélique : debout après de son frère qui
est assis, elle pose la main sur son épaule puissante ; si
svelte à côté de lui, on dirait quelque sainte d'un
25 primitif tableau d'église. Ramuntcho sombre les ob-
serve tous deux ; il n'avait pas pu bien revoir encore
le visage de Gracieuse, tant la cornette l'encadre et le
dissimule sévèrement. Ils se ressemblent toujours, le
frère et la sœur ; dans leurs yeux très longs, qui ce-
30 pendant ont pris des expressions plus que jamais différentes, demeure quelque chose d'inexplicablement pareil, persiste la même flamme, cette flamme, qui a

poussé l'un vers les aventures et la grande vie des
muscles, l'autre vers les rêves mystiques.

Et maintenant, pour la première fois, ils se con-
templent en face, Gracieuse et Ramuntcho; leurs prunelles se sont rencontrées et fixées. Elle ne baisse plus ₅
la tête devant lui; mais c'est comme d'infiniment loin
qu'elle le regarde, c'est comme de derrière d'infran-
chissables brumes blanches, comme de l'autre rive de
l'abîme, de l'autre côté de la mort; très doux pourtant,
son regard indique qu'elle est comme absente, repartie ₁₀
pour de tranquilles et inaccessibles ailleurs[1]... Et c'est
Raymond à la fin qui, plus dompté encore, abaisse ses
yeux ardents devant les yeux vierges.

Elles continuent de babiller, les sœurs; elles vou-
draient les retenir tous deux à Amezqueta pour la nuit: ₁₅
le temps, disent-elles, est si noir, et la pluie menace...
M. le curé,[2] qui est allé porter la communion à un malade dans la montagne, va revenir; il a connu Arrochkoa jadis, à Etchézar où il était vicaire; il serait content
de lui donner une chambre, dans la cure, — et à son ₂₀
ami aussi, bien entendu...

Mais non, Arrochkoa refuse, après un coup d'œil
d'interrogation grave à Ramuntcho. Impossible de
coucher ici; ils vont même s'en aller tout de suite, après
quelques minutes de dernière causerie, car on les attend ₂₅
là-bas, pour des affaires, du côté de la frontière espagnole...

Elle qui, d'abord, dans son grand trouble mortel,
n'avait pas osé parler, commence à questionner son
frère. Tantôt en basque, tantôt en français, elle ₃₀
s'informe de ceux qu'elle a pour jamais aban-
donnés:

— Et la mère ? Toute seule à présent au logis, même
la nuit ?

— Oh ! non, dit Arrochkoa ; il y a toujours la vieille
Catherine qui la garde, et j'ai exigé qu'elle couche à la
5 maison.

— Oh ! nous avons beau être loin,[1] dit la petite
nonne, j'ai quelquefois de vos nouvelles tout de même.
Ainsi, le mois dernier, des gens d'ici avaient rencontré
au marché d'Hasparren des femmes de chez nous ;
10 c'est comme cela que j'ai appris...bien des choses...
A Pâques, tiens,[2] j'avais beaucoup espéré te voir ; on
m'avait prévenue qu'il y aurait une grande partie de
paume à Erricalde, et que tu y viendrais jouer ; alors
je m'étais dit que tu pousserais[3] peut-être jusqu'à moi,
15 — et, pendant les deux jours de fête, j'ai regardé
bien souvent sur la route, par cette fenêtre-là, si tu
arrivais...

Et elle montre la fenêtre, ouverte de très haut sur
le noir de la campagne sauvage, — d'où monte un im-
20 mense silence, avec de temps à autre des bruissements
printaniers, de petites musiques intermittentes de
grillons et de rainettes.

En l'entendant si tranquillement parler, Ramuntcho
se sent confondu devant ce renoncement à tout et à
25 tous ; elle lui apparaît encore plus irrévocablement
changée,, lointaine... Pauvre petite nonne !... Elle
s'appelait Gracieuse ; à présent elle s'appelle sœur
Marie-Angélique, et elle n'a plus de famille ; impersonnelle ici, dans cette maisonnette aux blanches mu-
30 railles, sans espérance terrestre et sans désir peut-
être, — autant dire[4] qu'elle est déjà partie pour les
régions du grand oubli de la mort. Et cependant,

voici qu'elle sourit, rassérénée maintenant tout à fait, et qu'elle ne semble même pas souffrir.

Arrochkoa regarde Ramuntcho, l'interroge de son œil perçant habitué à sonder les profondeurs noires, — et, dompté lui-même par toute cette paix inattendue, il comprend bien que son camarade si hardi n'ose plus, que tous les projets chancellent, que tout retombe inutile et inerte devant l'invisible mur dont sa sœur est entourée. Par moments, pressé d'en finir d'une façon ou d'une autre, pressé de briser ce charme ou bien de s'y soumettre et de fuir devant lui, il tire sa montre, dit qu'il est temps de s'en aller, à cause des camarades qui vont attendre là-bas... Les sœurs devinent bien qui sont ces camarades et pourquoi ils attendent, mais elles ne s'en émeuvent point : Basques elles-mêmes, filles et petites-filles de Basques, elles ont du sang contrebandier dans les veines et considèrent avec indulgence ces sortes de choses...

Enfin, pour la première fois, Gracieuse prononce le nom de Ramuntcho ; n'osant pas, tout de même, s'adresser directement à lui, elle demande à son frère, avec un sourire bien calme :

Alors il est *avec toi*, Ramuntcho, à présent ? Il est fixé au pays, vous *travaillez* ensemble ?

Un silence encore, et Arrochkoa regarde Raymond pour qu'il réponde.

— Non, dit celui-ci, d'une voix lente et sombre, non... moi, je pars demain pour les Amériques...

Chaque mot de cette réponse, scandé durement, est comme un son de trouble et de défi au milieu de cette sérénité étrange. Elle s'appuie plus fort à l'épaule de son frère, la petite nonne, et Ramuntcho, conscient du

coup profond qu'il vient de porter, la regarde et l'enveloppe de ses yeux tentateurs, repris d'audace. Alors, pendant une indécise minute, il semble que le petit couvent a tremblé; il semble que les puissances blanches
5 de l'air reculent, se dissipent comme de tristes fumées
. irréelles devant ce jeune dominateur, venu ici pour jeter l'appel triomphant de la vie. Et le silence qui suit est le plus lourd de tous ceux qui ont entrecoupé déjà cette sorte de drame joué à demi-mot,[1] joué pres-
10 que sans paroles...

Enfin, la sœur Marie-Angélique parle, et parle à Ramuntcho lui-même. Vraiment on ne dirait plus que son cœur vient de se déchirer une suprême fois à l'annonce de ce départ. D'une voix qui peu à peu
15 s'affermit dans la douceur, elle dit des choses toutes simples, comme à un ami quelconque.

— Ah! oui...l'oncle Ignacio, n'est-ce pas?... J'avais toujours pensé que vous finiriez par aller le rejoindre là-bas... Nous prierons toutes la sainte Vierge
20 pour qu'elle vous accompagne dans votre voyage...

Et c'est le contrebandier qui de nouveau baisse la tête, sentant bien que tout est fini, qu'elle est perdue pour jamais, la petite compagne de son enfance; qu'on l'a ensevelie dans un inviolable linceul... Les paroles
25 d'amour et de tentation qu'il avait pensé dire, les projets qu'il roulait depuis des mois dans sa tête, tout cela lui paraît insensé, sacrilège, inexécutables choses, bravades d'enfant... Arrochkoa, qui attentivement le regarde, subit d'ailleurs les mêmes envoûtements irrésistibles et
30 légers; ils se comprennent et, l'un à l'autre, sans paroles, ils s'avouent qu'il n'y a rien à faire, qu'ils n'oseront jamais...

Pourtant une angoisse encore humaine passe dans les
yeux de la sœur Marie-Angélique quand Arrochkoa se
lève pour le définitif départ : elle prie, d'une voix
changée, qu'on reste un instant de plus. Et Ramuntcho
tout à coup a envie de se jeter à genoux devant elle ; 5
la tête contre le bas de son voile, de sangloter toutes
les larmes qui l'étouffent ; de lui demander grâce, de
demander grâce aussi à cette supérieure qui a l'air si
doux ; de leur dire à toutes que cette fiancée de son
enfance était son espoir, son courage, sa vie, et qu'il 10
faut bien avoir un peu pitié, qu'il faut la lui rendre,
parce que, sans elle, il n'y a plus rien... Tout ce que
son cœur, à lui, contient d'infiniment bon, s'exalte à
présent dans un immense besoin d'implorer, dans un
élan de suppliante prière et aussi de confiance en la 15
bonté, en la pitié des autres...

Et qui sait, mon Dieu, s'il avait osé la formuler,
cette grande prière de tendresse pure, qui sait tout ce
qu'il aurait éveillé de bon aussi, et de tendre et d'humain
chez les pauvres filles au voile noir ?... Et peut-être 20
Gracieuse aurait encore pu lui être rendue, sans enlèvement, sans tromperies, presque excusée par ses com-
pagnes de cloître. Ou tout au moins, si c'était impossible, lui aurait-elle fait de longs adieux, consolants,
adoucis par un baiser d'immatériel amour... 25

Mais, non, il reste là muet sur sa chaise. Même cela,
même cette prière, il ne peut pas la dire. Et c'est l'heure
de s'en aller, décidément. Arrochkoa est debout, agité,
l'appelant d'un signe de tête impérieux. Alors il re-
dresse aussi sa taille fière et reprend son béret, pour 30
le suivre. Ils remercient du petit souper qu'on leur a
donné et ils disent bonsoir à demi-voix comme des

• timides. En somme, pendant toute leur visite ils ont
été très corrects, très respectueux, presque craintifs,
les deux superbes. Et, comme si l'espoir ne venait pas
de se briser, comme si l'un d'eux ne laissait pas derrière
5 lui sa vie, les voilà qui descendent tranquillement
l'escalier propret, entre les blanches murailles, tandis
que les bonnes sœurs les éclairent avec leur petite
lampe.

— Venez, sœur Marie-Angélique, propose gaîment
10 la supérieure, de sa grêle voix enfantine. Nous allons
toutes deux les reconduire jusqu'en bas[1]... jusqu'au
bout de notre avenue, vous savez, au tournant du
village...

Est-elle quelque vieille fée sûre de son pouvoir, ou
15 bien une simple et une inconsciente, qui joue sans s'en
douter avec le grand feu dévorateur?... C'était fini;
le déchirement,[2] accompli; l'adieu, accepté; la lutte,
étouffée, — et à présent les voilà, ces deux qui s'ado-
raient, cheminant côte à côte, dehors, dans la nuit tiède
20 de printemps!...

Ils marchent à petits pas, à travers cette obscurité
exquise, comme par un silencieux accord pour faire
plus longtemps durer le sentier d'ombre, muets l'un
et l'autre. Arrochkoa et la supérieure les suivent de
25 tout près, sur leurs talons, sans se parler non plus;
religieuses avec leurs sandales, contrebandiers avec
leurs semelles de cordes, ils vont à travers ces ténèbres
douces sans faire plus de bruit que des fantômes, et
leur petit cortège, lent et étrange, descend vers la voi-
30 ture dans un silence de funérailles.

Cependant, sans s'être parlé, ils arrivent, à ce tournant de chemin où il faut se dire l'adieu éternel. La

voiture est bien là, tenue par un petit garçon ; la lanterne est allumée et le cheval impatient. La supérieure
s'arrête : c'est, paraît-il, le terme dernier de la dernière
promenade qu'ils feront l'un près de l'autre en ce
monde, — et elle se sent le pouvoir, cette vieille nonne, 5
d'en décider ainsi sans appel. De sa même petite voix
fluette, presque enjouée, elle dit :

— Allons, ma sœur, faites-leur vos adieux.

Et elle dit cela avec l'assurance d'une Parque dont les
décrets de mort ne sont pas discutables. 10

En effet, personne ne tente de résister à son ordre
impassiblement donné. Il est vaincu, le rebelle Ramuntcho, oh ! bien vaincu par les tranquilles puissances
blanches ; tout frissonnant encore du sourd combat qui
vient de finir en lui, il baisse la tête, sans volonté main- 15
tenant et presque sans pensée, comme sous l'influence de
quelque maléfice endormeur...

« Allons, ma sœur, faites-leur vos adieux,» a-t-elle
dit, la vieille Parque tranquille. Puis, voyant que Gracieuse se borne à prendre la main d'Arrochkoa, elle 20
ajoute :

— Eh bien, vous n'embrassez pas votre frère ?...

Sans doute, la petite sœur Marie-Angélique ne demandait que cela, l'embrasser de tout son cœur, de
toute son âme ; l'étreindre, ce frère ; se serrer sur son 25
épaule et y chercher protection, à cette heure de sacri-
fice surhumain, où il faut laisser partir le bien-aimé
sans même un mot d'amour... Et pourtant son baiser
a je ne sais quoi d'épouvanté, de tout de suite retenu :
baiser de religieuse, un peu pareil à un baiser de 30
morte... A présent, quand le reverra-t-elle, ce frère,
qui cependant ne va pas quitter le pays basque, lui ?

quand aura-t-elle seulement des nouvelles de la mère, de la maison, du village, par quelque passant qui s'arrêtera ici, venant d'Etchézar?...

A Ramuntcho, elle n'ose même pas tendre sa petite main froide, qui retombe le long de sa robe, sur les grains du rosaire.

— Nous prierons, lui dit-elle encore, pour que la Sainte Vierge vous protège dans votre long voyage...

...Et maintenant elles s'en vont: lentement elles s'en retournent, comme des ombres silencieuses, vers l'humble couvent que la croix protège. Et les deux domptés, immobiles sur place, regardent s'éloigner, dans l'avenue obscure, leurs voiles plus noirs que la nuit des arbres.

Les deux hommes n'ont même pas échangé un mot sur leur entreprise abandonnée, sur la cause mal définie qui a mis pour la première fois leur courage en défaut; ils éprouvent, l'un vis-à-vis de l'autre, presque une honte de leur subite et insurmontable timidité.

Un instant leurs têtes fières étaient restées tournées vers les nonnes lentement fuyantes; à présent ils se regardent à travers la nuit.

Ils vont se séparer, et probablement pour toujours: Arrochkoa remet à son ami les guides de la petite voiture que, suivant sa promesse, il lui prête:

— Allons, mon pauvre Ramuntcho!... dit-il sur le ton d'une commisération à peine affectueuse.

Et la fin inexprimée de sa phrase signifie clairement: « Va-t'en, puisque tu as manqué ton coup;[1] et moi, tu sais, il est l'heure où les camarades m'attendent...»

Raymond, lui, allait de tout son cœur l'embrasser

pour le grand adieu, — et, dans cette étreinte avec le frère de la bien aimée, il aurait pleuré sans doute de bonnes larmes chaudes qui, pour un moment au moins, l'auraient un peu guéri.

Mais non, Arrochkoa est redevenu l'Arrochkoa des mauvais jours, le beau joueur sans âme, que les choses de hardiesse intéressent seules. Distraitement, il touche la main de Ramuntcho :

— Eh bien donc, au revoir ! ... Bonne chance là-bas ! ...

Et, de son pas silencieux, il s'en va retrouver les contrebandiers, vers la frontière, dans l'obscurité propice.

Alors Raymond, seul au monde à présent, enlève d'un coup de fouet le petit cheval montagnard, qui file avec son bruit léger de clochettes... Ce train qui doit passer à Aranotz, ce paquebot qui va partir de Bordeaux... un instinct le pousse encore à ne pas les manquer. Machinalement il se hâte, sans plus savoir pourquoi, comme un corps sans âme qui continuerait d'obéir à une impulsion ancienne, et, très vite, lui qui pourtant est sans but et sans espérance au monde, il s'enfonce dans la campagne sauvage, dans l'épaisseur des bois, dans tout ce noir profond de la nuit de mai que les nonnes, de leur haute fenêtre, voient alentour...

Pour lui, c'est fini du pays, fini à jamais ; fini des rêves délicieux et doux de ses premières années. Il est une plante déracinée du cher sol basque, et qu'un souffle d'aventure emporte ailleurs.

Au cou du cheval, gaîment les clochettes sonnent, dans le silence des bois endormis ; la lueur de la lanterne, qui court empressée, montre au fuyard triste des

dessous de branches, de fraîches verdures de chênes;
au bord du chemin, les fleurs de France; de loin en
loin, les murs d'un hameau familier, d'une vieille église,
— toutes les choses qu'il ne reverra jamais, si ce
5 n'est peut-être dans une douteuse et très lointaine
vieillesse...

En avant de sa route, il y a les Amériques, l'exil sans
retour probable, l'immense nouveau plein de surprises
et abordé maintenant sans courage: toute une vie en-
10 core très longue, sans doute, pendant laquelle son âme
arrachée d'ici devra souffrir et se durcir là-bas; sa
vigueur, se dépenser et s'épuiser qui sait où, dans des
besognes, dans des luttes inconnues...

Là-haut, dans leur petit couvent, dans leur petit sé-
15 pulcre aux murailles si blanches, les nonnes tranquilles
récitent leurs prières du soir...

O crux, ave, spes unica![1]...

NOTES

NOTES

Page 1. — 1. **Ramuntcho** (pronounced *Rah-moon-tschŏ*), a Basque diminutive form of Raymond or Ramon.   Throughout the book Loti seems to have spelt according to French rules the proper names he heard pronounced in the Basque country, the pronunciation of which is mostly in accordance with Spanish rules; thus according to Spanish pronunciation the *t* of Ramuntcho ought to be omitted, Itchoua should be spelt *Ichua*, and Gatchutcha, *Gachucha*.

2. **la haute mer,** *the open sea.*

3. **l'Adour, la Nivelle, la Bidassoa,** three small rivers of southern France which empty into the Bay of Biscay.   The last named rises in Spain and forms part of the boundary between France and Spain.

4. **froidies,** *chilled* (by autumn).

5. **toutes de,** *covered with.*

6. **la mer de Biscaye** is a vast bay or gulf of the Atlantic, extending between Ouessant Island, on the western coast of France, and Cape Ortegal on the northern coast of Spain.

Page 2. — 1. **espadrilles,** cloth shoes with cord soles; cf. page 119, line 7.

2. **lointains,** *distant horizons.*

3. **très estompés,** *very much dimmed; estomper* means to "stump," i.e., rub down the pencil or crayon lines of a drawing, to produce shading.

4. **angoissante,** *depressing.*

5. **finir,** i.e., *kill.*

6. **millénaires,** *millenniums; thousands of years.*

7. **basque;** the three Basque Spanish provinces are: Biscay, Guipuzcoa (*Gee-pooth-coah*) and Alava (*Ah-lah-vah*), and the

French Basque country is comprised in the department *Basses-Pyrénées.*

Page 3. — 1. **cris de poulie rouillée,** their cries, like those of our gulls, resembled the noise made by rusty blocks (pulleys).

Page 4. — 1. **béret,** a flat cap, peculiar to Basque peasants.

2. **Etchézar;** pronounce *Ett-shay-thar,* with stress on the last syllable.

3. **atrium,** the vestibule in a Roman house.

Page 5. — 1. **Franchita;** pronounce *Frahn-tshee-tah,* stress on the penult.

2. **renfermés,** here, *uncommunicative.*

3. **peinte à la chaux,** *whitewashed.*

4. **images de première communion,** in the Roman Catholic Church, a picture representing the ceremony of the "Last Supper" is usually given to children in remembrance of the day when they first partook of the sacrament.

5. **la Vierge du Pilar,** a famous statue of the Virgin Mary in Saragossa. The Virgin Mary is said to have appeared upon a marble pillar to Santiago (St. James, the patron saint of Spain) as he passed through Saragossa. This pillar is one of the most venerated objects in Spain. It is preserved in the Metropolitan Church of the Pillar, making it a famous place for pilgrimage. — **Vierge des angoisses,** "*Our Lady of the seven Sorrows.*" — **rameaux bénits,** *the blessed palm branches,* that are given to the worshippers on Palm Sunday.

6. **volants,** *paper lambrequins,* lit., "flounces."

7. **toréador,** *bull-fighter.*

8. **une impression de chez soi,** *a homey feeling.*

Page 6. — 1. **Arrochkoa** (*Ar-rotsh-ko-ah*), 2. **Florentino,** 3. **Iragola,** 4. **Itchoua** (*It-shoo-ah*); accent each of the foregoing on the penult.

5. **réflexion faite,** "on reflection," *after all;* note absolute construction.

Page 7. — 1. **carabinier,** *carabineer* (Spanish *carabinero*), Spanish soldiers keeping guard on the French frontier.

2. **en plein vent,** *in the open air.*

3. **joueur de pelote,** *ball player.* The game is described in detail later on (page 25) in the story.

4. **façons,** *customs.*

5. **quand même,** *all the same; any way.*

6. **tout . . . qu'il allait être,** although he was going to be.

Page 8. — 1. **prise,** past participle of *prendre;* here, *in love, smitten.*

2. **se déprendre,** cf. with preceding note; trans., *to forget, change her sentiments.*

3. **envers et contre,** *in spite of and against.*

4. **en jonchée,** *strewn;* note use of noun.

5. **un coup de sifflet d'appel,** *a warning whistle.*

6. **le,** notice use of definite article instead of possessive form.

Page 9. — 1. **José-Maria Gorostéguy,** pronounce *Hosay, Mah-ree-ah Gorostaygee.*

2. **au pas de course,** *running,* or *on a run.*

3. **faisait grand cas de,** *cared very much for, thought very much of.*

4. **Pater,** the first word of the Lord's Prayer in the Latin version.

Page 10. — 1. **Fontarabie,** *Fontarabia,* a city of Spain on the Bidassoa (cf. page 1, note 3), famous for its numerous Gothic buildings.

2. **sous la barbe,** *under the nose.*

Page 11. — 1. **une cloche de l'extrême matin,** *a first morning bell;* the *angelus,* or a bell for early mass. At this time it was announcing All Saints' Day.

2. **partie de pelote,** *ball game,* cf. page 7, note 3.

3. **la place de l'église,** the public square before the church.

4. **matin vierge,** pure, early morning.

Page 12. — 1. **au sortir des grisailles,** *as they emerged from the grey background.*

2. **par à-coups légers,** *in slight jerks.*

3. **à l'étale de basse mer,** *in the slacking low tide.*

Page 13. — 1. **à toute volée,** *a full peal.*

2. **de côté,** *on one side (of his head).*

3. **sans,** *if it were not for.*

4. **sentaient,** here, *recalled.*

Page 14. — 1. **ors,** translate as if singular.

2. **tourmentées,** *strained and pretentious.*

3. **peintes à la chaux blanche,** cf. page 5, note 3.

4. **langue euskarienne,** *Basque.* The origin of the word is unknown, as the Basque language seems to have no connection with any other known language. In remote ages it seems to have been used all over the Peninsula; it is probably to be pronounced *ā-ooss-kah-ree-ānn.*

5. **théorie,** here, procession, line.

Page 16. — 1. **répons,** note this masculine form of the noun which is used only in connection with religious services.

2. **Ite missa est!** *go, the mass is over!* The last words uttered by the priest before reading part of the first chapter of John's Gospel which always concludes the mass.

3. **chanteuses des grands chemins,** *street singers.*

4. **séguidille,** a song sometimes accompanied by dancing (Spanish *Seguidilla*).

Page 17. — 1. **la fine fleur,** *the cream.*

2. **camps,** here, *teams.*

Page 18. — 1. **cette,** note the disdainful use of the demonstrative.

2. **Bonne-Mère,** the Mother Superior in a convent.

3. **capotes de voiture,** *carriage tops.*

4. **à couvert,** *sheltered, hidden.*

5. **place,** see page 11, line 11.

Page 19. — 1. **cidrerie,** a kind of a restaurant where cider is drunk.

Page 20. — 1. **Nivelle,** cf. page 1, note 3.

2. **Sur le devant,** *in the front part.*

3. **au complet,** *complete;* note adjectival use of noun in connection with descriptive preposition *à.*

4. **c'est à la vie à la mort entre eux tous,** *they stand by each other in life and death.*

5. **irraisonnée,** *thoughtless.*

Page 21. — 1. **mystifications de,** *tricks played on.*

2. **détonne un peu,** *is somewhat out of place.*

3. **état civil,** *on the town register.*

4. **jeu de paume,** cf. *partie de pelote,* page 11, note 2.

5. **Appréhendé au corps,** *arrested.*

Page 22. — 1. **crac!** an onomatopœia describing a thrust of a knife.

2. **Dame,** *of course,* or *why!* from the Latin Dominus, "a Lord."

3. **carabinero,** cf. page 7, note 1.

4. **par exemple!** *no, indeed!*

Page 23. — 1. **mécontent de ses effets,** *dissatisfied with the impression* (*he had produced*).

Page 24. — 1. **bien prise,** *well fitted.*

2. **aux Amériques,** the Spanish speaking countries in South America are here meant.

3. **scabieuse,** *scabious,* a small blue flower, "Devils-bit."

Page 25. — 1. **pelotaris,** *ball players.*

2. **chanter les coups,** *to call out the points.*

3. **d'athlètes,** note adjectival use of noun.

Page 26. — 1. **moulé sous un léger maillot de fil,** *plainly outlined by the light close fitting linen garment;* here *maillot* refers to something like a "sweater," it is a general name for all kinds of "tights."

2. **à tour de bras,** *with all the player's might.*

3. **se délient,** *become limbered.*

4. **camps,** cf. page 17, note 2.

Page 27. — 1. **but,** a local designation for the team that, after drawing lots, were the first to play at the beginning of the game. — **refil,** the other team.

2. **Les paris en avant!** *go ahead with your bets!*

3. **coup de fouet,** *the sound like the snapping of a whip.*

Page 29. — 1. **crânement,** *in a swaggering manner.*

Page 30. — 1. **orchestre de cuivre,** *brass band.*

Page 31. — 1. **des,** emphasizes the following *vingt, trente;* trans., *even as much as.*

2. **Ignacio,** pronounce *eeg-nah-thee-o.* — **Bidegaina,** pronounce *Bee-day-gah-ee-nah.*

Page 32. — 1. **ça allait de soi,** *it was a matter of course; it went without saying.*

2. **quand même,** cf. page 7, note 5.

Page 33. — 1. **Guipuzcoan,** an inhabitant of Guipuzcoa, one of the Spanish Basque Provinces.   Cf. page 2, note 7.

2. **Basque** = *Guipuzcoan.*

3. **je m'en fiche!** *I do not care anything about it;* a slang expression.

4. **voir du pays, c'est mon affaire,** *to travel, that suits me.*

5. **Gatchutcha,** a Basque diminutive of *Gracieuse;* pronounce *Gatt-shoot-shah,* with stress on the penult.

Page 35. — 1. **chapelet,** here, *string.*

2. **Biarritz, Saint-Jean-de-Luz,** two French towns in the Department of Basses-Pyrénées, the first of which is situated on the Bay of Biscay and is a famous summer resort.

3. **les paroles fermes échangées,** *the engagement made.*

Page 36. — 1. **Zitzarry,** pronounce *theet-tharr'ee.*

2. **tournent bride,** *go back.*

3. **fenêtre à meneau,** ("with a mullion"), a window with crosswise perpendicular and horizontal bars separating the glass. Gothic windows are often so called.

4. **angélus,** the first word of a prayer in honor of the Virgin Mary, and said morning, noon and evening at sound of the bell.

5. **se serre,** here, *grows heavy.*

6. **la,** notice his use of the article.

7. **vous êtes joliment d'accord tous deux!** *you have a thorough understanding with each other.*

Page 37. — 1. **ça me va très bien!** *that pleases me very much.*

2. **un coup de main,** *a helping hand.*

3. **voilà,** here, *that is all.*

Page 38. — 1. **tempêté,** here, *scolded.*

2. **elles ne sont pas trop bien ensemble,** *they do not get along together any too well.*

Page 39. — 1. la sentir, here, *bear her.*

2. que veux-tu, here, *I cannot help it;* lit., "what would you."

Page 40. — 1. muezzin, *Mohammedan priest.*

2. Je ne suis pas sans me demander, va, *I can't help wondering, I can't.*

3. par exemple, here, *indeed.*

4. changea sa veste d'épaule, the coat was generally hung over the shoulder and not worn; cf. page 54, line 8.

Page 41. — 1. à l'heure voulue, *at the appointed time.*

2. à pas de loup, *with stealthy tread.*

3. feux, here, *lights* (of lighthouses).

4. déchaîné, *wild; stormy.*

5. bateau de ronde, *patrol boat.*

Page 42. — 1. Marine, *port.*

2. seront, here the common idiom, *must have.*

Page 43. — 1. d'un tour pas trop solide, *with a loose knot* (of the line).

Page 44. — 1. il n'y en a plus de fond, *there is no longer any bottom;* he can no longer reach the bottom.

2. coûte que coûte, *come what may.*

Page 45. — 1. bruissantes, here, *throbbing.*

2. arme ton aviron, *get your oar ready.*

Page 46. — 1. à force de rames, *as fast as possible.*

2. à outrance, *with all his might.*

Page 47. — 1. mordant, here, *shrillness.*

2. irrintzina, pronounce *eer-reent-thee-nah.*

3. un coup de filet heureux, *a lucky catch.*

4. donnent de la voix, *shout.*

Page 48. — 1. la Saint-Sylvestre, *the 31st of December.*

2. mauvaise, here, *rough.*

Page 49. — 1. commission, here, *message.*

2. Rosario, one of the principal cities of the Argentine Republic, lies north of Buenos Ayres on the Parana river. There is a small town by the same name in Uruguay, but it is inland.

3. **peut avoir dans les dix-huit ans,** *may be about eighteen years old.*

Page 50. — 1. **il marquait bien encore,** *he still looked hearty.*

2. **à son aise,** *well off.*

3. **par exemple,** here, *however.*

4. **la grande aventure,** in English idiom the article is not used, and the noun is plural.

Page 51. — 1. **en,** here, *with.*

2. **des nuits de la Saint-Sylvestre,** cf. page 48, note 1.

Page 52. — 1. **de pleine terre,** *in the ground;* an expression used in contrast with *fleurs de pot,* "potted plants."

Page 53. — 1. **benoîte,** a woman intrusted with the care of a church.

Page 55. — 1. **Mais,** *why.*

2. **se délier les bras,** cf. page 26, note 3.

3. **pâmées,** *almost dying with laughter;* lit., "fainted."

Page 56. — 1. **de la Gizune,** *over Mount Gizune,* a peak in the Pyrenees and on the Spanish boundary line.

2. **Alphonse XIII,** the present king of Spain, was born in 1886.

3. **truc,** *scheme.*

4. **pièces de billon,** *copper coins; pennies.*

5. **Landes,** a Department of southern France not far from the Spanish boundary.

6. **A eux deux,** *together;* note idiom.

Page 57. — 1. **s'en donnaient de rire,** *laughed very heartily.*

Page 58. — 1. **mais,** here, *very.*

Page 59. — 1. **angélus de midi,** cf. page 36, note 4.

2. **Bayonne, Burguetta,** the former a seaport in the extreme southwest of France; the latter a northern Spanish town (*Burguete*).

Page 60. — 1. **compartiments,** *compartments,* i.e., of the cars, European cars being divided up into compartments entered on either side of the car.

2. **navarraise,** *of Navarre.* This province, in which Burguete lies, is divided into two parts; that on the south side of the

Pyrenees belongs to Spain, that on the north side was annexed to France in 1589 when Henry IV. ascended the throne.

3. **à pleine gorge,** *at the top of their voices.*

Page 61. — 1. **ont dû arriver,** *must have arrived.*

Page 62. — 1. **bien,** emphatic, "what *can* they be saying."

2. **Mon Dieu,** here, *why.*

3. **en sourdine,** *in a low voice;* lit., like a violin with a "mute" on.

Page 63. — 1. **clair,** *very early.*

Page 64. — 1. **promises** = *fiancées.*

2. **donnait de la voix,** cf. page 47, note 4.

3. **aux champs,** *a salute,* a special flourish of trumpets played only at religious ceremonies.

4. **au plus ardent de la partie,** *in the most exciting part of the game.*

Page 65. — 1. **inviolés,** *untrodden.*

2. **Quand venait à passer,** *when they happened to pass;* of course the real subject is *logis.*

Page 67. — 1. **à même les arbres,** *off the very trees.*

2. **mai,** in the Roman Catholic church the month of May is devoted to the Virgin Mary.

Page 69. — 1. **chuchotements en sourdine,** *low whispering;* cf. page 62, note 3.

2. **l'oreille au guet,** *listening intensely.*

Page 70. — 1. **paroisse,** here, *church.*

2. **place,** cf. page 11, note 3.

Page 71. — 1. **jamais mise,** *never on.*

2. **le mois de Marie** = *May,* see page 67, note 2.

3. **grandes de leur classe,** *school girls of their upper class.*

Page 72. — 1. **Il lui tardait que . . ., et d'être . . .,** *she longed for . . ., and to be . . .*

Page 73. — 1. **leurs têtes tournant un peu,** *somewhat excited.*

2. **son temps de soldat,** *serving his term as a soldier.*

Page 74. — 1. **de les faire, ces démarches-là,** *to take that step.*

Page 75. — 1. **le sort en était jeté,** *the die was cast.*

Page 77. — 1. **devancer l'appel,** *anticipate the levy,* i.e., to begin serving one's term in the army before being drafted.

2. **la Saint-Jean,** the 24th of June; in certain parts of southern France and Spain there is an old custom of building bonfires on that date.

Page 78. — 1. **la côte Cantabrique,** *the Spanish coast;* the Cantabres mountains are a part of the Spanish Pyrenees.

Page 79. — 1. **par exemple,** *however;* cf. page 50, note 3, also page 40, note 3.

2. **son droit de fille majeure;** according to the French civil code, a girl can marry without her parents' consent when she is twenty-one, but not before.

Page 80. — 1. **le recul des durées,** freely, *the remotest future;* the word *recul* means "recoil" (of a gun).

2. **aux attentes,** note use of plural.

Page 81. — 1. **temps,** *period; epoch.*

Page 82. — 1. **en partance,** a naval expression; lit., "ready to sail"; trans., *about to leave.*

Page 83. — 1. **enlève,** here, *whip up.*

2. **se campait,** *planted herself.*

3. **de guerre lasse,** *in desperation.*

Page 84. — 1. **leur tutoiement de l'école des sœurs,** *the familiar form of address which they used in the Sisters' school.*

2. **que si,** *that she will.*

3. **tiens,** *do.*

Page 86. — 1. **faisait ses premières armes,** *was making his first campaign.*

Page 87. — 1. **Haut-Pays,** *upper country.*

2. **Gascogne,** *Gascony,* an old province of France near the Spanish frontier.

3. **la médaille militaire,** a medal given to soldiers for gallantry on the battlefield.

Page 88. — 1. **Irun,** a Spanish town on the Bidassoa.

2. **Il y avait fête de soleil, ce jour-là,** i.e., it was a bright sunny day.

3. **s'enlevaient . . . sur,** (*rose*) *were outlined against.* — **libre,** here, *cloudless.*

Page 90. — 1. **indécision grise,** "gray uncertainty," i.e., twilight.

Page 91. — 1. **couverte,** *muffled.*

2. **benoîte,** see page 53, note 1.

3. **Enfin! . . .,** *well . . .,* here expresses doubt (about the doctor and medicines).

4. **Ramuntchito,** note the endearing diminutive *ito.*

Page 94. — 1. **voilée,** lit., "veiled"; trans., *now a nun.*

2. **ajourées,** *leafless;* lit., "open."

Page 95. — 1. **va!** cf. page 40, note 2.

2. **endurcie,** *hard-hearted.*

3. **sont pour rappeler,** *are just the things to recall;* or cannot help recalling.

4. **elle en tenait fortement pour toi,** *she was very much in love with you.*

5. **Ce que je m'en ficherais,** cf. page 33, note 3.

6. **qu'elle jette son froc aux orties!** freely, *if she turns her back on the convent;* "to throw one's cowl to the nettles" is said of a monk who renounces his profession.

Page 96. — 1. **Navarre,** cf. page 60, note 2.

2. **par éxemple,** connect with *changé* and translate *at all;* also compare with different meanings of same expression: pages 79, note 1, and 40, note 3.

Page 97. — 1. **on va,** notice unusual use of the indefinite pronoun; *we are going.*

2. **Mon Dieu,** cf. page 62, note 2.

3. **on lui fit fête,** *they heartily welcomed him.*

Page 100. — 1. **ses cheveux blancs encore nouveaux,** *her hair only lately turned white.*

Page 101. — 1. la grande Épouvante, the fear of death is here, as it were, personified; *the great Dread.*

Page 102. — 1. en sourdine, cf. page 62, note 3.

Page 103. — 1. entreprise de frontière, *smuggling expedition.*
2. manœuvres louches, ("squinting") *underhanded business.*

Page 104. — 1. coutumière des manèges et des cachotteries nocturnes, *accustomed to mysterious nocturnal manœuvrings;* note plural form.
2. passages de chèvre, *hard paths;* lit., "goat paths."

Page 105. — 1. pont de singe en forêt; cf. with preceding note.

Page 106. — 1. floc, floc, note the onomatopœia.
2. retombée, an architectural expression; here, *overhanging.*

Page 107. — 1. jarrets, here, *legs.*
2. irrégulier, *rebel.*

Page 108. — 1. kilo, a little over two pounds.
2. sans coup de feu, *without a shot* (on either side).

Page 109. — 1. la Reine Régente, the mother of the Spanish king was, at the time this novel was written, the queen regent.

Page 111. — 1. à la barbe; cf. page 10, note 2.

Page 112. — 1. le ruban des braves, cf. page 87, note 3.
2. promeneurs, here, *tourists.*
3. les fonds, *nooks and corners.*
4. Maures; the Moors occupied Spain and the Basque country from 1091 to 1492.

Page 113. — 1. faisaient longuement les cent pas, *walked up and down for a long time.*
2. brusquer, *to hasten, rush.*

Page 114. — 1. après avoir fait ce coup, *after doing this job.*

Page 115. — 1. elles ne vont plus, les affaires, *our business has no longer been good.*
2. quand une fois leur nez s'est fourré chez vous, *when they have once begun to look into your life.*

3. avec du bien au soleil, *with real estate.*

Page 116. — 1. sur le retour de l'âge, *on the downward slope of life.*

Page 117. — 1. le coup fait, cf. page 114, note 1.

Page 118. — 1. passes dangereuses, *dangerous* or *trying circumstances.*

2. ils vont de l'avant, *they go ahead.*

3. se laisse faire, *gives up the control.*

Page 119. — 1. semelles de cordes, cf. page 2, note 1.

2. parloir, a word exclusively used in connection with schools and convents.

3. tombale, *sepulchral; deathlike.*

Page 121. — 1. imposé, supply: "by the surroundings."

Page 122. — 1. hâtifs, *early.*

2. détonne, cf. page 21, note 2.

Page 123. — 1. ailleurs, note substantival use of adverb.

2. M. le curé, *the village priest.*

Page 124. — 1. nous avons beau être loin, *we may be far away.*

2. tiens, here, *you know.*

3. tu pousserais, *you would keep on.*

4. autant dire, *one might say.*

Page 126. — 1. à demi-mot, *with but a few words.*

Page 128. — 1. jusqu'en bas, *to the foot of the stairway.*

2. le déchirement; in reading, raise the voice on each of the three nouns: *déchirement, adieu, lutte.*

Page 130. — 1. tu as manqué ton coup, cf. page 114, note 1.

Page 132. — 1. O crux, ave, spes unica! Latin, *Hail, O Cross, my only hope!*

Heath's Modern Language Series.

FRENCH GRAMMARS AND READERS.

Edgren's Compendious French Grammar. Adapted to the needs of the beginner and the advanced student. $1.12.

Edgren's French Grammar, Part I. For those who wish to learn quickly to *read* French. 35 cts.

Fraser and Squair's French Grammar. Complete and practical. For beginners and advanced students. $1.12.

Grandgent's Essentials of French Grammar. With numerous exercises and illustrative sentences. $1.00.

Grandgent's Short French Grammar. Help in pronunciation. 60 cts.

Grandgent's French Lessons and Exercises. *First Year's Course for Grammar Schools.* 25 cts. *Second Year's Course.* 30 cts.

Grandgent's Materials for French Composition. Five pamphlets based on *La Pipe de Jean Bart, La dernière classe, Le Siège de Berlin, Peppino, L'Abbé Constantin,* respectively. Each, 12 cts.

Grandgent's French Composition. Elementary, progressive and varied selections, with full notes and vocabulary. 50 cts.

Bouvet's Exercises in Syntax and Composition. With notes and vocabulary. 75 cts.

Clarke's Subjunctive Mood. An inductive treatise, with exercises. 50 cts.

Hennequin's French Modal Auxiliaries. With exercises in composition and conversation. 50 cts.

Kimball's Materials for French Composition. Based on *Colomba,* for second year's work; on *La Belle-Nivernaise,* and also one on *La Tulipe Noire,* for third year's work. Each, 12 cts.

Brigham's Exercises in French Composition. Based on *Sans Famille.* 12cts.

Storr's Hints on French Syntax. With exercises. 30 cts.

Marcou's French Review Exercises. With notes and vocabulary. 20 cts.

Houghton's French by Reading. Begins with interlinear, and gives in the course of the book the whole of elementary grammar, with reading matter, notes and vocabulary. $1.12.

Hotchkiss's Le Premier Livre de Français. Conversational introduction to French, for young pupils. Boards. Illustrated. 79 pages. 35 cts.

Fontaine's Livre de Lecture et de Conversation. Combines Reading, Conversation, and Grammar, with vocabulary. 90 cts.

Fontaine's Lectures Courantes. Can follow the above. Contains Reading, Conversation, and English Exercises based on the text. $1.00.

Lyon and Larpent's Primary French Translation Book. An easy beginning reader, with very full notes, vocabulary, and English exercises based on the latter part of the text. 60 cts.

Super's Preparatory French Reader. Complete and graded selections of interesting French, with notes and vocabulary. 70 cts.

French Fairy Tales (Joynes). With notes, vocabulary, and English exercises based on the text. 35 cts.

Bowen's First Scientific Reader. With notes and vocabulary. 90 cts.

Davies's Elementary Scientific French Reader. Confined to Scientific French. With notes and vocabulary. 40 cts.

Heath's French-English and English-French Dictionary. Fully adequate for the ordinary wants of students. Retail price, $1.50.

Ibeatb's Modern Language Series.

ELEMENTARY FRENCH TEXTS.

Ségur's Les Malheurs de Sophie. Two donkey episodes. Notes and vocabulary by Elizabeth M. White, High School, Worcester, Mass. 45 cts.

Santine's Picciola. With notes and vocabulary by Prof. O. B. Super.

Mairêt's La Tâche du Petit Pierre. Notes, vocabulary, and English exercises by Professor Super, Dickinson College. 35 cts.

Bruno's Tour de la France par deux Enfants. Notes and vocabulary by C. Fontaine, High Schools, Washington, D.C. 45 cts.

Jules Verne's L'Expédition de la Jeune Hardie. With notes, vocabulary, and appendixes by W. S. Lyon. 25 cts.

Gervais's Un Cas de Conscience. With notes, vocabulary, and appendixes by R. P. Horsley. 25 cts.

Génin's Le Petit Tailleur Bouton. With notes, vocabulary, and appendixes by W. S. Lyon. 25 cts.

Assolant's Une Aventure du Célèbre Pierrot. With notes, vocabulary, and appendixes by R. E. Pain. 25 cts.

Muller's Les Grandes Découvertes Modernes. Photography and Telegraphy. With notes, vocabulary, and appendixes. 25 cts.

Récits de Guerre et de Révolution. Selected and edited, with notes, vocabulary, and appendixes, by B. Minssen. 25 cts.

Bruno's Les Enfants Patriots. With notes and vocabulary. 25 cts.

Bedollière's La Mère Michel et son Chat. With notes, vocabulary, and appendixes by W. S. Lyon. 25 cts.

Legouvé and Labiche's La Cigale chez les Fourmis. A comedy in one act, with notes by W. H. Witherby. 20 cts.

Labiche and Martin's Le Voyage de M. Perrichon. A comedy; notes and vocabulary by Professor B. W. Wells. 30 cts.

Labiche and Martin's La Poudre aux Yeux. Comedy; notes and vocabulary by Professor B. W. Wells. 30 cts.

Dumas's L'Evasion du Duc de Beaufort. Notes by D. B. Kitchen. 25 cts.

Dumas's Monte-Cristo. With notes and vocabulary by I. H. B. Spiers, Wm. Penn Charter School, Philadelphia. 40 cts.

Assolant's Récits de la Vieille France. Notes by E. B. Wauton. 25 cts.

Berthet's Le Pacte de Famine. With notes by B. B. Dickinson. 25 cts.

Erckmann-Chatrian's L'Histoire d'un Paysan. With notes by W. S. Lyon. 25 cts.

France's Abeille. With notes by C. P. Lebon of the Boston English High School. 25 cts.

La Main Malheureuse. Complete vocabulary by H. A. Guerber. 25 cts.

Enault's Le Chien du Capitaine. Notes and vocabulary by C. Fontaine, Director of French, High Schools, Washington, D.C. 35 cts.

Trois Contes Choisis par Daudet. (Le Siège de Berlin, La dernière Classe, La Mule du Pape). With notes by Professor Sanderson. 15 cts.

Erckmann-Chatrian's Le Conscrit de 1813. Notes and vocabulary by Professor Super, Dickinson College. 45 cts.

Selections for Sight Translation. Fifty fifteen-line extracts compiled by Miss Bruce of the High School, Newton, Mass. 15 cts.

Laboulaye's Contes Bleus. With notes and vocabulary by C. Fontaine, Central High School, Washington, D.C. 35 cts.

Malot's Sans Famille. With notes and vocabulary by I. H. B. Spiers of the Wm. Penn Charter School, Philadelphia. 40 cts.

Ibeatb's Modern Language Series.

INTERMEDIATE FRENCH TEXTS. (Partial List.)

Dumas's La Tulipe Noire. With notes by Professor C. Fontaine, Central High School, Washington, D.C. 40 cts. With vocabulary, 50 cts.

Erckmann-Chatrian's Waterloo. Abridged and annotated by Professor O. B. Super of Dickinson College. 35 cts.

About's Le Roi des Montagnes. Edited by Professor Thomas Logie. 40 cts.

Pailleron's Le Monde où l'on s'ennuie. A comedy with notes by Professor Pendleton of Bethany College, W. Va. 30 cts.

Souvestre's Le Mari de Mme de Solange. With notes by Professor Super of Dickinson College. 20 cts.

Historiettes Modernes, Vol. I. Short modern stories, selected and edited, with notes, by C. Fontaine, Director of French in the High Schools of Washington, D.C. 60 cts.

Historiettes Modernes, Vol. II. Short stories as above. 60 cts.

Fleurs de France. A collection of short and choice French stories of recent date with notes by C. Fontaine, Washington, D.C. 60 cts.

Sandeau's Mlle. de la Seiglière. With introduction and notes by Professor Warren of Yale University. 30 cts.

Souvestre's Un Philosophe sous les Toits. With notes by Professor Fraser of the University of Toronto. 50 cts. With vocab. 80 cts.

Souvestre's Les Confessions d'un Ouvrier. With notes by Professor Super of Dickinson College. 30 cts.

Augier's Le Gendre de M. Poirier. One of the masterpieces of modern comedy. Edited by Professor B. W. Wells. 25 cts.

Scribe's Bataille de Dames. Edited by Professor B. W. Wells. 30 cts.

Scribe's Le Verre d'eau. Edited by Professor C. A. Eggert. 30 cts.

Mérimée's Colomba. With notes by Professor J. A. Fontaine of Bryn Mawr College. 35 cts. With vocabulary, 45 cts.

Mérimée's Chronique du Règne de Charles IX. With notes by Professor P. Desages, Cheltenham College, England. 25 cts.

Musset's Pierre et Camille. Edited by Professor O. B. Super. 20 cts.

Jules Verne's Tour du Monde en quatre vingts jours. Notes by Professor Edgren, University of Nebraska. 35 cts.

Jules Verne's Vingt mille lieues sous la mer. Notes and vocabulary by C. Fontaine, High School, Washington, D.C. 45 cts.

Sand's La Mare au Diable. With notes by Professor F. C. de Sumichrast of Harvard. 25 cts.

Sand's La Petite Fadette. With notes by F. Aston-Binns, Balliol College, Oxford, England. 30 cts.

De Vigny's Le Cachet Rouge. With notes by Professor Fortier of Tulane University. 20 cts.

De Vigny's Le Canne de Jonc. Edited by Professor Spiers, with Introduction by Professor Cohn of Columbia University. 40 cts.

Halévy's L'Abbé Constantin. Edited with notes by Professor Thomas Logie. 30 cts. With vocabulary, 40 cts.

Thier's Expédition de Bonaparte en Egypte. With notes by Professor C. Fabregou, College of the City of New York. 25 cts.

Gautier's Jettatura. With introduction and notes by A. Schinz, Ph.D. of Bryn Mawr College. 30 cts.

Guerber's Marie-Louise. With notes 25 cts.

Heath's Modern Language Series.

INTERMEDIATE FRENCH TEXTS. (Partial List.)

LaVergne, TN USA
28 September 2009
159250LV00007B/163/A